# Olla De Cocción Lenta

Deliciosas Recetas De Lenta Cocción Para Hacer En Casa

(Recetas Para Quemar Grasa)

**Felix Loera**

Publicado Por Daniel Heath

## © **Felix Loera**

**Todos los derechos reservados**

*Lenta Cocción: Deliciosas Recetas De Lenta Cocción Para Hacer En Casa (Recetas Para Quemar Grasa)*

ISBN 978-1-989837-12-2

Este documento está orientado a proporcionar información exacta y confiable con respecto al tema y asunto que trata. La publicación se vende con la idea de que el editor no esté obligado a prestar contabilidad, permitida oficialmente, u otros servicios cualificados. Si se necesita asesoramiento, legal o profesional, debería solicitar a una persona con experiencia en la profesión.

Desde una Declaración de Principios aceptada y aprobada tanto por un comité de la American Bar Association (el Colegio de Abogados de Estados Unidos) como por un comité de editores y asociaciones.

No se permite la reproducción, duplicado o transmisión de cualquier parte de este documento en cualquier medio electrónico o formato impreso. Se prohíbe de forma estricta la grabación de esta publicación así como tampoco se permite cualquier almacenamiento de este documento sin permiso escrito del editor. Todos los derechos reservados.

Se establece que la información que contiene este documento es veraz y coherente, ya que cualquier responsabilidad, en términos de falta de atención o de otro tipo, por el uso o abuso de cualquier política, proceso o dirección contenida en este documento será responsabilidad exclusiva y absoluta del lector receptor. Bajo ninguna circunstancia se hará responsable o culpable de forma legal al editor por cualquier reparación, daños o pérdida monetaria debido a la información aquí contenida, ya sea de forma directa o indirectamente.

Los respectivos autores son propietarios de todos los derechos de autor que no están en posesión del editor.

La información aquí contenida se ofrece únicamente con fines informativos y, como tal, es universal. La presentación de la información se realiza sin contrato ni ningún tipo de garantía.

Las marcas registradas utilizadas son sin ningún tipo de consentimiento y la publicación de la marca registrada es sin el permiso o respaldo del propietario de esta. Todas las marcas registradas y demás marcas incluidas en este libro son solo para fines de aclaración y son propiedad de los mismos propietarios, no están afiliadas a este documento.

# Tabla de contenido

Parte 1 .................................................................................. 1
Introducción ........................................................................ 2
Capítulo 1 ........................................................................... 4
Platillos Con Pollo ............................................................. 4
Pechugas De Pollo Al Jalapeño .......................................... 4
Pollo A La Barbacoa Con Durazno .................................... 5
Sopa De Pollo Y Arroz Salvaje .......................................... 6
Pollo Tikka Masala ............................................................ 7
Pollo Estofado De Soya ..................................................... 9
Guiso De Pollo A La Marroquí ........................................ 11
Estofado Francés De Pollo ............................................... 12
Payde Cazuela De Pollo Cremosoconchampiñones ......... 14
Pollo En Salsa Agridulce ................................................. 16
Pollo Con Tocino, Champiñones Y Cebollas ................... 17
Capítulo 2 ......................................................................... 20
Platillos Con Puerco ........................................................ 20
Lomo De Cerdo Teriyaki ................................................. 20
Chuletas De Cerdo Fácilesen Olla De Cocción Lenta ...... 21
Cerdo Deshebrado Estilo Texano ..................................... 22
Cerdo Conpepsi-Cola ....................................................... 24
Chuletas De Cerdo Con Chile En Olla De Cocción Lenta . 25
Costillitas BBQ En Olla De Cocción Lenta ..................... 26
Chuletas De Cerdo A La Crema ....................................... 27
Cerdo En Salsa De Arándanos ......................................... 29
Cerdo Deshebrado Estilo Mexicano ................................. 30
Lomo De Cerdo Estofado Con Ciruelas ........................... 31
Capítulo 3 ......................................................................... 34
Platillos Con Carne De Res .............................................. 34
Carne De Res Stroganoff .................................................. 34
Estofado Lento De Carne Y Champiñones ...................... 35
Frijoles Y Carne Con Chile .............................................. 38
Res Con Salsa De Vino Tinto .......................................... 39
Falda De Res Mediterránea .............................................. 40
Tacos Suaves De Carne Con Chile .................................. 42
Res Al Curry .................................................................... 43
Dip Francés ...................................................................... 44

Filete De Res A La Salisbury .......... 45
Carne De Res En Lata Concol .......... 47
Capítulo 4 .......... 49
Platillos Con Pescado .......... 49
Sopa De Mariscos .......... 49
Salmón Al Dijon-Limón Con Cebada De Eneldo .......... 50
Cangrejo Con Jerez Fácil .......... 52
Sopa Estilo Gumbo De Camarones Y Salchicha .......... 53
Sopa De Langosta .......... 55
Crema De Langosta .......... 56
Guiso De Pulpo Italiano En Vino Y Tomates .......... 58
Estofado Fácil De Ostiones En Olla De Cocción Lenta .......... 60
Salmón Escalfado .......... 61
Salmón En Olla De Cocción Lenta .......... 62
Capítulo 5 .......... 64
Platillosvegetarianos .......... 64
Sopa Vegetariana Estilogumbo .......... 64
Crema De Elote Y Pimiento Rojo .......... 66
Frittata De Espinacas Y Mozzarella .......... 67
Pastel Crujiente De Manzana En Olla De Cocción Lenta .. 69
Puré De Coliflorcon Ajo .......... 70
Sopa Misoveganade Chícharos(Guisantes) .......... 71
Curry Dulce Y Picante De Verduras .......... 72
Currydulce Y Picante Vegano .......... 74
Sopa De Calabaza Cacahuate [Butternut] Y Chirivía .......... 75
Peras Escalfados Al Caramel (Postre Rápido) .......... 76
Conclusión .......... 77
Parte 2 .......... 79
Introducción .......... 80
¿Porqué Usar La Olla De Cocción Lenta? .......... 80
Recetas Para El Desayuno .......... 80
Avena Con Manzana Y Sultana .......... 80
Avena De Arándanos De Lujo .......... 81
Avena De Chocolate Y Naranja .......... 82
Quinua De Coco Y Plátano .......... 83
Tortilla Completa De Desayuno Inglés .......... 83
Tortilla Española .......... 84
Pan De Plátano .......... 85
Pan De Nuez Y Café .......... 86

- Huevos Marroquíes Al Horno .................................................. 88
- Huevos Rancheros ................................................................... 89
- Recetas Para El Almuerzo ....................................................... 90
- Flautas De Pollo Tikka ............................................................ 90
- Sopa De Pollo Caliente ............................................................ 91
- Chile De Cerdo Ahumado ....................................................... 92
- Sopa De Pescado ...................................................................... 93
- Jamón De Mostaza Y Miel ...................................................... 94
- Sopa De Zanahoria. Cilantro Y Lentejas ................................ 95
- Paella De Pollo Y Chorizo ....................................................... 96
- Estofado De Tocino, Pollo Y Cebada Perlada ........................ 97
- Curry De Pollo Indonesio ........................................................ 98
- Pasta Con Brócoli, Bacon Y Queso Azul ............................... 99
- Recetas Para La Cena ............................................................ 100
- Cordero Biryani ..................................................................... 100
- Tagine De Pollo Y Albaricoque ............................................. 101
- Estofado De Ternera Y Cerveza Negra ................................ 103
- Macarrones Con Queso Y Bacon .......................................... 104
- Barbacoa De Cerdo Tirado ................................................... 104
- Carne China De Cinco Especias ........................................... 105
- Pollo Y Risotto De Setas Silvestres ...................................... 106
- Espaguetis A La Boloñesa Lujoso ......................................... 107
- Gumbo Cajún ......................................................................... 108
- Tazas De Lechuga De Cerdo Al Jengibre ............................. 109
- Recetas Vegetarianas ............................................................. 110
- Risotto De Calabaza Y Queso Azul ...................................... 110
- Chile De Batata Y Frijol Negro ............................................. 111
- Curry De Coliflor Y Batata ................................................... 112
- Curry Verde Tailandés .......................................................... 113
- Macarrones Con Queso Con Col Rizada Y Coliflor ........... 114
- Quinua Mexicana ................................................................... 114
- Lentejas Dahl ......................................................................... 115
- Calabacín Y Pilaf De Coco .................................................... 116
- Pasta Mediterránea De Verduras ......................................... 117
- Tofu Con Salsa Picante De Maní .......................................... 118
- Recetas De Postres ................................................................ 119
- Melocotones De Vainilla ....................................................... 119
- Crumble Saludable De Manzana .......................................... 120
- Ruibarbo Tonto ..................................................................... 121

Manzanas Rellenas ......................................................... 122
Peras Empapadas De Oporto .......................................... 123
Pudín De Arroz Y Fresa .................................................. 124
Fondue De Chocolate Indulgente..................................... 124
Brownies De Mantequilla De Maní ................................. 125
Pastel De Coco ............................................................... 126
Piña Caribeña ................................................................. 127

**Parte 1**

## Introducción

*Quiero agradecerte, y felicitarte, por descargar el libro.*
*Este libro contiene pasos y estrategias probadas de cómo preparar platillos fáciles y deliciosos en la olla de cocción lenta, que son perfectos tanto para cenas sencillas, como ocasiones especiales.*
*Este libro proporciona una lista detallada de los ingredientes y un resumen rápido de pasos fáciles de seguir sobre cómo preparar los mejores platillos de pollo, cerdo, res, mariscos y vegetarianos. Con este libro, y un tiempo de preparación mínimo, puedes regresar a casa después del trabajo al delicioso aroma de una comida lista para servir que seguramente dejará a ti y a tu familia felices y satisfechos.*
*Solo para despertar tu apetito, estos son algunos de los platillos que descubrirás en este libro:*

- Pollo Tikka Masala
- Res en Salsa de Vino Tinto

- Estofado Italiano de Pulpo
- Frittata de Espinacas y Mozzarella

Seguramente, ahora estás ansioso por empezar a leer. Pues bien, no te haré esperar más. Antes de pasar la página, sin embargo, me gustaría darte las gracias una vez más por descargar este libro. ¡Espero que lo disfrutes!

# Capítulo 1

## Platillos con Pollo

**Pechugas de Pollo al Jalapeño**

Ingredientes:
1 cucharadade agua
1/8 cucharaditade sal
1 cucharadade fécula de maíz/maicena
1 cucharadade chile en polvo
2 cucharadasde jugo de limón
6 mitades de pechuga de pollo (sin piel y con hueso)
½ taza de caldo de pollo (bajo en sodio)
2 rebanadas de tocino de pavo, escurridas, cocinadas crujientes y desmoronadas (puedes usar tocino regular también)
1/3 taza de chiles jalapeños (rebajados, en escabeche y escurridos)
Olla de cocción lenta: al menos 4½ litros de capacidad
Instrucciones de preparación:
1.) Coloca el pollo con los huesos hacia

abajo, después de condimentar con sal y chile en polvo. Vierte el jugo de limón y el caldo. Finaliza con los chiles jalapeños.
2.) Tapa y cocina a temperatura alta durante 3 horas o a baja durante 6 horas.
3.) Transfiere el pollo y el jalapeño a una fuente para servir y cubre.
4.) Para la salsa, ajusta la temperatura a nivel alto y mezcla la maicena y el agua hasta tornarlo líquido de cocción. Añade el queso crema y bate. Cocina durante 15 minutos hasta que espese.
5.) Sirve el pollo con la salsa y el tocino (espolvoreado encima).
Rinde: 6 porciones


**Pollo a la Barbacoa Con Durazno**

Ingredientes:
1 tazade salsa de barbacoa
2 cucharaditasde mostaza
3 libras/1.5 kgde muslos de pollo
1/3 tazade mermelada de durazno
Duraznos frescos rebanados
Olla de cocción lenta: al menos $4^{1/3}$ litros

de capacidad

Instrucciones de preparación:

1.) Coloca el pollo en la olla. Mezcla la mostaza, la salsa de barbacoa y la mermelada. Vierte sobre el pollo.

2.) Tapa la olla y colócala a temperatura alta por 4 horas, o a temperatura baja por 7 horas.

3.) Transfiere el pollo a un plato de servir cubierto. Hierve la salsa y cocínala a fuego lento durante 10 minutos. Sirve el pollo con la salsa y decora con duraznos.

**Sopa de Pollo y Arroz Salvaje**

Ingredientes:

1 taza dezanahorias (ralladas gruesas)

5 tazas de caldo de pollo (bajo en sodio)

2 tazas de champiñones frescos, rebanados

1 caja de 6 onzasde "mezcla de arroz de grano largo y arroz salvaje"

1 tazade apio, rebanado

5 tazas de agua

*1 lata de 10 ¾ onzas de sopa de crema de*

*champiñones (baja en grasa y sodio)*
2 1/2 tazas de pollo cocido, cortado en piezas pequeñas
Hojas de apio
Olla de cocción lenta: al menos 4 ¾ litros de capacidad
Instrucciones de preparación:
1.) Combina la sopa de crema de champiñones, los champiñones, la mezcla de arroz, el pollo cocido, el apio, las zanahorias y el condimento del arroz en la olla. Agrega el agua y el caldo de pollo.
2.) Tapa la olla y colócala a temperatura alta por 4 horas, o a temperatura baja por 7 horas.
3.) Traslada al plato de servir y decora con las hojas de apio.
Rinde: 8-10 porciones


**Pollo Tikka Masala**

Ingredientes:
Sal
Pimienta negra molida
2 cucharadas de pasta de tomate

1 cebolla, picada
2 cucharaditas de *garam masala* (mezcla de especias de la India)
½ tazade crema espesa
¼ tazade hojas de cilantro (de preferencia frescas)
1 lata de 15 onzas de tomates triturados
2 dientes de ajo (picados)
½ pepino inglés (rebanado a la mitad y en rodajas finas)
1 taza de arroz blanco de grano largo (el arroz basmati quedará bien también)
1 cucharadade jugo de limón (recién exprimido)
1 ½ lbs./ ¾ kgde pollo sin hueso y sin piel (aproximadamente 8 piezas)
Olla de cocción lenta: al menos1litro de capacidad
Instrucciones de preparación:
1.) Combina los tomates, la pasta de tomate, ¼ cucharadita de pimienta, ¾ cucharadita de sal, el ajo, la cebolla y el garam masala en la olla.
2.) Coloca el pollo encima y cubre. Cocina a fuego alto durante 3-4 horas, o hasta que el pollo esté blando (7-8 horas para el

fuego bajo)

3.) Combina las hojas de cilantro, el pepino, ¼ cucharadita de sal, ¼ cucharadita de pimienta y el jugo de limón en un tazón pequeño. Revuelve y reserva en el refrigerador.

4.) 20 minutos antes de servir, cocina el arroz de acuerdo con las instrucciones de preparación del paquete.

5.) Revuelve la crema espesa en el *tikka masala* justo antes de servir. Sirve sobre el arroz, junto con el aderezo de pepino.

Rinde: 4 porciones


**Pollo Estofado De Soya**

Ingredientes:

1 cucharaditade paprika

1 cucharadade azúcar moreno

2 cebollas (rebanadas)

1/3 tazade salsa soya

4 dientes de ajo (partido en trozos pequeños)

1 tazade arroz blanco (de preferencia de grano largo)

2/3 tazade vinagre de cidra de manzana

2 cebollines verdes (rebanados finamente)
8 muslos de pollo (sin piel y con hueso), aproximadamente 1 ¾ lbs./ ¾ kg
1 cabeza grande de col china, cortada en tiras de 1 pulgada.
1 hoja de laurel
Pimienta negra molida
Olla de cocción lenta: al menos 4 ¾ litros de capacidad
Instrucciones de preparación:
1.) Combina el azúcar moreno, la salsa de soya, la hoja de laurel, el ajo, la cebolla, el vinagre y ¼ de cucharadita de pimienta en la olla. Coloca el pollo encima y espolvoréalo con paprika.
2.) Tapa y cocina a temperatura alta durante 4-5 horas, o a temperatura baja durante 7-8 horas, hasta que las cebollas y el pollo estén tiernos.
3.) Cocina el arroz siguiendo las instrucciones del paquete 20 minutos antes de servir.
4.) 10 minutos antes de servir, coloca la olla en temperatura alta e incorpora la col china al pollo. Cubre y cocina por otros 3-5 minutos hasta que estén tiernos.

5.) Espolvorea con los cebollines verdes y sirve con arroz.

Rinde: 4 porciones

**Guiso de Pollo a la Marroquí**

Ingredientes:
1 lata de 14 onzas de caldo de pollo
1 ½ cucharadita de jengibre, molido
1 ½ cucharadita comino, molido
½ taza pasas
¼ taza pasta de tomate
½ taza de albaricoques/chabacanos secos picados en trozos
2 cebollas grandes (cortadas por la mitad y en rodajas finas)
2 cucharada de jugo de limón
2 cucharada de harina para todo uso
2 dientes de ajo picados
3 libras/1 ½ kg. de partes de pollo con carne (muslos, contramuslos y pechugas)
4 zanahorias (peladas y en rodajas)
1 cucharadita de canela molida
Piñones tostados
Cuscús cocido caliente
Cilantro

Olla de cocción lenta: al menos 4 ¾ litros de capacidad

Instrucciones de preparación:

1.) Espolvorea ½ cucharadita de sal al pollo y acomoda en la olla. Coloca encima una capa de albaricoques y pasas.

2.) Combina el ajo, la canela, el jengibre, la pasta de tomate, la harina, el comino, el jugo de limón, la cucharadita de pimienta negra y el caldo en un tazón para mezclar. Bate todos los ingredientes.

3.) Agrega la mezcla a la olla y cúbrela. Cocina a temperatura alta por 4 horas, o a temperatura baja por 7 horas.

4.) Prepara los platos hondos con cuscús.

5.) Sirve el guiso en los platos hondos y espolvorea con los piñones. Adorna con las hojas de cilantro.

Rinde: 4 porciones

**Estofado Francés de Pollo**

Ingredientes:

¼ cucharadita pimienta negra, molida gruesa

½ taza de caldo de pollo o vino blanco seco

½ cucharaditade sal sazonada
¾ cucharaditade tomillo machacado, seco
½ tazaejotes (cortados en trozos de 1 pulgada)
½ tazaaceitunas maduras (sin hueso y partidas a la mitad)
4 tazas hongos/setas shiitake
1 papa roja mediana (cortada en trozos de 1 pulgada)
1 lata de 14 ½ onzas de tomates rebanados (sin escurrir)
1 cebolla picada, mediana
2 zanahorias medianas (rebanadas diagonalmente y delgadas)
1 frasco de 14 onzas de salsa de tomate para pasta
8 muslos de pollo deshuesados, sin piel (alrededor de 2 libras/1 kg)
1cucharadita de condimento italiano seco (Hierbas provenzales), triturado
1 taza de caldo de pollo (bajo en sodio)
2 cucharadasde tapioca de cocción rápida.
Pan francés
Olla de cocción lenta: al menos4 ¾ litros

de capacidad

Instrucciones de preparación:
1.) Combina las zanahorias, papas, cebolla, aceitunas, ejotes, tomates sin escurrir, champiñones, tapioca, vino, caldo, tomillo, hierbas provenzales y pimienta en la olla. Coloca el pollo encima de estos ingredientes, y condimenta con sal.
2.) Cubre la olla y cocina a temperatura alta durante 4 horas o a temperatura baja durante 7 horas.
3.) Agrega la salsa para pasta y sirve con pan francés.
Rinde: 8 porciones


**Payde Cazuela de Pollo**

**CremosoconChampiñones**

Ingredientes:
 8 muslos de pollo deshuesados, sin piel (aproximadamente 1 ½ lbs)
8 onzas de hongos cremini (cortados por la mitad con tallos recortados)
1/3 taza de harina para todo uso
1/3 taza de crema espesa

2 tallos de tomillo
1 taza de chícharos/guisantes congelados
1 hoja de laurel
1 taza de ejotes/judías verdes congeladas
1 cebolla mediana, picada
1 masa de hojaldre descongelada y en hojas (la mitad de un paquete de 17.3 onzas)
Sal y pimienta negra
4 zanahorias cortadas en trozos de 1 pulgada
Olla de cocción lenta: al menos 3 ¾ litros de capacidad

Instrucciones de preparación:

1.) Mezcla las zanahorias, el tomillo, la harina, la cebolla, la hoja de laurel, ½ taza de agua y los champiñones en la olla. Coloca el pollo encima y sazona con ¼ cucharadita de pimienta y 1 cucharadita de sal.

2.) Tapa y cocina a temperatura baja durante 7-8 horas, o a temperatura alta durante 4-5 horas, hasta que las verduras y el pollo estén blandos.

3.) 30 minutos antes de servir, precalienta el horno a 425°F/218°C y corta la masa en círculos con un cortador de 4 ½ pulgadas. Coloca la masa en un molde de pay y hornea por 8-10 minutos hasta que estén dorados.

4.) 10 minutos antes de servir, agrega ½ cucharada de sal, crema, ejotes y chícharos a la mezcla del pollo. Revuelve. Cubre y cocina por 10 minutos más.

5.) Coloca la mezcla del pollo en los tazones para servir, y cubre con los círculos de masa.

Rinde: 4 porciones

**Pollo en Salsa Agridulce**

Ingredientes:
¾ tazade limonada
3 lbs/ ½ kg de trozos de pollo con carne (muslos, mitades de pechuga o contramuslos)
¼ cucharaditade sal
1 cucharadade vinagre
2 cucharadasde agua helada
2 cucharadasfécula de maíz/maicena
3 cucharadas decatsup
3 cucharadas de azúcar moreno

Arroz frito o arroz cocido caliente
Olla de cocción lenta: al menos $3^{1/3}$ litros de capacidad

Instrucciones de preparación:

1.) Coloca el pollo en la olla y espolvorea con sal. Mezcla la salsa de tomate, el azúcar moreno, el vinagre y la limonada en un tazón y vierte por todo el pollo.

2.) Tapa la olla y cocina a temperatura alta por 3- 31 / 2 horas, o a temperatura baja por 6-7 horas.

3.) Pasa el pollo a un platón de servir cubierto y vierte el líquido de cocción en una cacerola. Quita la grasa y agrega una mezcla de agua fría y maicena. Cocina a fuego medio hasta que espese. Deja hervir a fuego lento durante 2 minutos.

4.) Vierte la salsa sobre el pollo y sirve con arroz.

Rinde: 4-6 porciones

**Pollo Con Tocino, Champiñones y Cebollas**

Ingredientes:

½ taza de vino blanco seco

½ lb/ ¼ kg de tocino rebanado

½ lb/ ¼kg champiñones blancos (pequeños)

¼ taza de agua

1 pollo rebanado (4-6 lbs/2-3kgs)

6 dientes de ajo (finamente picados)

1 taza cebolla blanca (pequeña)

1 cucharada hojas secas de romero o 3 tallos de romero fresco

2 cucharadas de fécula de maíz/maicena

1 cucharadita de sal

Olla de cocción lenta: al menos $3^{1/3}$ litros de capacidad

Instrucciones de preparación:

1.) Fríe el tocino a fuego medio en una sartén hasta que esté crujiente. Transfiere a la olla y elimina la grasa, dejando solo una capa ligera; usa de la misma grasa para dorar el pollo a fuego alto. Transfiere el pollo a la olla.

2.) Raspa los trozos de tocino que quedaron en el sartén y vierte el vino blanco. Agrega a la olla junto con el ajo, las cebollas, los champiñones, la sal y el romero.

3.) Tapa la olla y cocina a temperatura alta por 3 horas, o a temperatura baja por 6 horas.

4.) Pasa las verduras, el pollo y el tocino a una fuente para servir. Cubre para mantener el calor.

5.) Vierte la salsa restante en una cacerola y mezcle el agua y la maicena; calienta hasta que hierva, agitando constantemente. Cocina por 5 minutos hasta que espese.

6.) Vierte la salsa sobre el pollo y sirve.

Rinde: 6 porciones

# Capítulo 2

## Platillos con Puerco

### Lomo De Cerdo Teriyaki

½ cebolla grande (rebanada)
½ tazade salsa teriyaki
¼ tazade azúcar moreno
¼ cucharadade pimienta negra molida
1 tazade caldo de pollo
4 dientes de ajo (picados)
2 cucharadas de aceite de oliva
2 lbs/1 kg lomo de cerdo
3 chiles rojos, finamente picados (preferiblemente frescos)
Olla de cocción lenta: al menos 2 ¾ litros de capacidad
Instrucciones de preparación:
1.) En un tazón, mezcla el caldo de pollo, la salsa teriyaki y el azúcar moreno. Agrega el ajo, la cebolla, el chile rojo y la pimienta negra.
2.) En una sartén, calienta el aceite de oliva a fuego medio. Coloca el lomo de

cerdo en la sartén y dora por todos lados.

3.) Coloca el lomo dorado en la olla y vierte la mezcla de salsa sobre él, cúbralo y cocina a temperatura alto durante 4 horas (para asegurar que la carne esté bien hecha, gírala 2-3 veces durante el tiempo de cocción).

4.) Retire el lomo de la olla y déjalo reposar durante 5 minutos. Corta en rebajadas y vierte el líquido sobre las rebanadas de lomo de cerdo.

Rinde: 6 porciones

## Chuletas de Cerdo Fácilesen Olla de Cocción Lenta

Ingredientes:

¼ tazasalsa catsup

¼ tazaazúcar moreno

½ tazasalsa soya

6 chuletas de cerdo (sin hueso) – aproximadamente 1.5 lbs./1 kg.

2 dientes de ajo (machacados)

Sal y pimienta al gusto

1 cucharadita de jengibre molido.

Olla de cocción lenta: a una capacidad de 3¾ litros

Instrucciones de preparación:

1.) En un tazón, mezcla el azúcar moreno, el catsup, la salsa de soya, el jengibre y el ajo.

2.) Coloca las chuletas de cerdo en la olla de cocción lenta, vierte la mezcla y sazona con sal y pimienta. Cubre y cocina a temperatura baja durante 6 horas hasta que la temperatura del cerdo alcance los 145° F/63°C.

3.) Coloca las chuletas de cerdo en un plato para servir y vierte la salsa sobre ellas.

Rinde: 6 porciones


**Cerdo Deshebrado Estilo Texano**

Ingredientes:

8 bollos de hamburguesa, partidos por la mitad

¼ taza de azúcar moreno

2 dientes grandes de ajo

½ taza de vinagre de manzana

2 cucharadas de mantequilla (o según sea

necesario)
1 cucharada de mostaza amarilla
½ taza de caldo de pollo
1 ½ cucharadita de tomillo, seco
1 cucharadita de aceite vegetal
1 cebolla extra-grande, picada
1 cucharada de salsa Worcestershire
1 taza de salsa de barbacoa
1 paletilla de cerdo en trozo (4 lbs./2 kg.)
1 cucharada de chile en polvo
Olla de cocción lenta: a una capacidad de 4¾ litros
Instrucciones de preparación:
1.) Vierte el aceite vegetal en la olla. Coloca la carne encima y vierte el caldo de pollo, la salsa barbacoa y el vinagre de manzana. Agrega el tomillo, el ajo, la cebolla, la salsa Worcestershire y el chile en polvo. Tapa.
2.) Cocina a fuego alto durante 5 a 6 horas (o a fuego bajo durante 10 a 12 horas), o hasta que la carne se pueda deshebrar fácilmente con un tenedor.
3.) Retira el lomo de olla de cocción lenta y deshebra con un par de tenedores. Vuelve a colocar los trozos de carne de cerdo

deshebrado en la olla y agrega los jugos.

4.) Unta la mantequilla en ambos lados de los bollos de hamburguesa. Calienta una sartén y tuesta los panes con la mantequilla hacia abajo. Coloca la carne de cerdo en los panes tostados y sirve.

Rinde: 8 sándwiches

## Cerdo conPepsi-Cola

Ingredientes:

1 lata de 12 onzas de Pepsi Cola

½ sobre (1 ¼) onzas de mezcla de sopa de cebolla

1 lata (10 ¾ onzas) de crema de champiñones

3 lbs/ 1 ½ kg. de hombro de cerdo

Fécula de maíz (Maicena)

Olla de cocción lenta: a una capacidad de 3 ¾ litros

Instrucciones de preparación:

1.) Mezcla la sopa de cebolla con la sopa de champiñones y agrega la Pepsi-Cola.

2.) Coloca la carne de cerdo en la olla y vierte la mezcla sobre él. Tapa.

3.) Cocina a temperatura alta durante 4-5

horas.
4.) Transfiere el cerdo a una fuente y cúbrelo para mantenerlo caliente.
5.) Espesa los jugos restantes a fuego medio con maicena para hacer la salsa.
6.) Corta el cerdo y vierte la salsa sobre las rodajas.
Rinde: 6 porciones


**Chuletas de Cerdo con Chile en Olla de Cocción Lenta**

Ingredientes:
¾ taza de salsa catsup
½ taza de cebolla picada
½ taza de agua
3 dientes de ajo
2 cucharada de aceite de oliva
1 cucharadita de chile en polvo
2 cucharadas de salsa Worcestershire
5-6 chuletas de cerdo con hueso
Olla de cocción lenta: a una capacidad de 2 ¾ litros
Instrucciones de preparación:
1.) En una sartén, dora las cebollas en aceite y agrega el ajo, la salsa

Worcestershire, la catsup, el agua, la pimienta, el chile en polvo y la sal. Cubre y cocina a fuego lento durante 10 minutos.
2.) Coloca las chuletas de cerdo en la olla y vierte la salsa.
3.) Cubre la olla y cocina durante 6-7 horas a temperatura baja (para maximizar la suavidad en la carne).
7. Coloca las chuletas de cerdo en un plato para servir y cúbrelas con la salsa . Puedes servir con puré de papas si así lo deseas.
Rinde: 3 porciones


**Costillitas BBQ en Olla de Cocción Lenta**

Ingredientes:
 2 tazas de salsa catsup
4 cucharadas de vinagre
1 taza de salsa de chile
1 pizca de salsa picante
½ taza de azúcar moreno (compacta)
2 cucharaditas de orégano seco
4 lbs./2 kg/ de costillitas de puerco
Sal y pimienta al gusto
Olla de cocción lenta: a una capacidad de 4¾ litros

Instrucciones de preparación:
1.) Precalienta el horno a 400°F/200° C.
2.) Coloca las costillas en una bandeja para hornear poco profunda y sazona con sal y pimienta. Dora por ambos lados durante 15 minutos cada uno y escurre la grasa.
3.) En un tazón, mezcla la salsa de chile, el vinagre, el orégano, la salsa catsup, el azúcar moreno, la salsa picante, la sal, la pimienta y la salsa Worcestershire.
4.) Coloca las costillas en la olla y vierte la salsa. Cubre y cocina por 68 horas a temperatura baja hasta que las costillas estén blanditas al tacto.
Rinde: 8 porciones


**Chuletas de Cerdo a la Crema**

Ingredientes:
 2 tazas de agua hirviendo
½ taza de harina para todo uso
2 cubos de caldo de pollo
1 cebolla grande (rebanadas de ¼ de pulgada de grueso)
Polvo de ajo al gusto
8 onzas de crema agria

6 chuletas de cerdo
2 cucharadas de harina para todo uso.
Sal y pimienta al gusto
Olla de cocción lenta: a una capacidad de 2 ¾ litros
Instrucciones de preparación:
1.) Sazona las chuletas de cerdo con ajo en polvo, sal y pimienta y espolvorea en ½ taza de harina. Calienta una pequeña cantidad de aceite en una sartén y dora las chuletas de cerdo ligeramente.
2.) Coloca las chuletas de cerdo en la olla y cúbrelas con las rodajas de cebolla. Derrite los cubitos de caldo de pollo en agua hirviendo y vierte sobre las chuletas.
3.) Cubre y cocina a fuego lento durante 7-8 horas.
4.) Precalienta el horno a 200°F/ 100°C
5.) Transfiere cuidadosamente las chuletas al horno para mantenerlas calientes. Mezcla la crema agria con 2 cucharadas de harina y mezcla con los jugos de carne. Espesa la salsa a temperatura alta durante 15-30 minutos.
6.) Sirve la salsa sobre las chuletas de cerdo.

Rinde: 6 porciones

## Cerdo en Salsa de Arándanos

Ingredientes:
1 cebolla rebanada
1/3 de taza de aderezo para ensalada estilo francés
1 lomo de cerdo deshuesado (3 lbs./1 ½ kg.)
1 lata (16 onzas) de salsa de arándanos
Olla de cocción lenta: a una capacidad de 4 ¾ litros
Instrucciones de preparación:
1.) Mezcla el aderezo para ensaladas, la cebolla y la salsa de arándanos en un tazón mediano.
2.) Coloca la carne de cerdo en la olla y vierte la salsa sobre ella. Tapa y cocina a temperatura baja durante 8 horas, o a temperatura alta durante 4 horas hasta que la temperatura del cerdo alcance los 145°F/63°C
3.) Sirve con arroz y aros de cebolla.

## Cerdo Deshebrado Estilo Mexicano

Ingredientes:

¼ taza de jugo de limón (preferiblemente fresco)

3 dientes de ajo picado

3¼ tazas de agua

1½ tazas de arroz crudo (grano largo)

¼ taza de cilantro picado

¼ taza de salsa chipotle

2 latas (4 onzas) de chiles verdes cortados en cubitos

½ cucharadita de sal

1 lomo de cerdo deshuesado (aproximadamente 3 lbs/1½ kg) cortado en trozos de 2 pulgadas

Olla de cocción lenta: a una capacidad de 3 ¾ litros

Instrucciones de preparación:

1.) Sazona la carne de cerdo con sal y colócala en la olla de cocción lenta. Coloca el ajo y los chiles sobre el cerdo y vierte ½ taza de agua y la salsa chipotle encima.

2.) Cubre y cocina a fuego lento durante 7 horas.

3.) Hierve los 2 ¾ taza de agua restantes en una olla. Mezcla el cilantro y el jugo de limón y reduce a fuego lento. Vacía sobre la carne. Cubre y hierve a fuego lento durante 20 minutos más.

4.) Retira el lomo de cerdo de la olla y desmenúzalo con un tenedor. Devuelve los trozos de carne a la olla, vacía la mezcla de agua, limón y cilantro y calienta por 15 minutos más. Sirve sobre arroz cocido.

**Lomo De Cerdo Estofado Con Ciruelas**

Ingredientes:
1/3 de taza de caldo de pollo (sin grasa y bajo en sodio)
½ cucharaditade tomillo seco
1/3 de taza de agua
½ taza de vino tinto dulce
1 ½ cucharaditade pimienta negra molida
1 lomo de cerdo deshuesado y recortado (3 ¼ lbs/1 ½ kg.)
1 cucharaditade mostaza en polvo
1 cucharaditade sal
1 taza (aproximadamente 20 piezas) ciruelas pasas (sin semilla)

2 cucharadasde agua
2 cucharadasde fécula de maíz (Maicena)
2 hojas de laurel
1 cucharaditade salvia seca (sin frotar)
2 tazas de cebolla rebanada
1 cucharadade aceite de oliva
1 taza de zanahorias (finamente picadas)
1 taza de puerros (finamente picados)
Olla de cocción lenta: a una capacidad de 4 ¾ litros
Instrucciones de preparación:
1.) Corta el lomo por la mitad (transversalmente). Combina la sal, pimienta, tomillo, mostaza y salvia seca.
2.) Calienta una olla tipo horno holandés grande. Agrega el aceite a la sartén y revuelve para cubrir. Añade la carne de cerdo y dora por todos lados.
3.) Coloca el cerdo en la olla de cocción lenta y agrega la zanahoria, la cebolla y el puerro al horno holandés. Saltea hasta que estén doradas, o durante 5 minutos.
4.) Agrega 1/3 taza de agua, el vino y el caldo. Raspa los trozos sueltos que hayan quedado adheridos a la sartén. Vierte la mezcla sobre el cerdo en la olla; añade las

hojas de laurel y las ciruelas.

5.) Cubre y cocina a temperatura alta por 1 hora. Reduce al mínimo y cocina por 5 horas más hasta que la carne de cerdo esté tierna.

6.) Retira la carne de cerdo de la olla y colócala en una fuente cubierta para mantenerla caliente. Pon la olla a fuego alto y espesa el líquido restante con maicena y 2 cucharadas de agua , revolviendo constantemente. Deja al descubierto durante 15 minutos.

7.) Corta la carne de cerdo. Retira las hojas de laurel y sirve el lomo de cerdo con la salsa.

Rinde: 10 porciones

# Capítulo 3

## Platillos con Carne de Res

### Carne de Res Stroganoff

*Ingredientes:*
*½ cucharaditade eneldo seco*
*2 tazas de champiñones rebanados*
*2 cucharadasde mostaza Dijon*
*1 lata (8onzas) de crema agria (baja en grasa)*
*3 dientes de ajo picados*
*½ cucharaditade pimienta negra molida*
*2 tazas de fideos de huevo medianos (cocidos y calientes)*
*2 cucharadasde perejil fresco (picado)*
*1 taza de cebolla picada*
*1/3 taza de harina para todo uso*
*1 taza de caldo de res (sin grasa y bajo en sodio)*
*1 filete redondo superior de res recortado (1 lb/ ½ kg)*
*½ cucharaditade sal*
*Olla de cocción lenta: a una capacidad de 2*

¾ litros

*Instrucciones de preparación:*

*1.) Corta el filete en rebanadas de ¼ de pulgada de grosor a lo largo del grano de la carne. Coloca el filete en la olla con el eneldo seco, sal, perejil, mostaza Dijon, cebolla, ajo, pimienta y champiñones. Revuelve bien.*

*2.) Coloca la harina en una taza de medir y nivela con un cuchillo. Coloca en un tazón y agregar el caldo mientras lo bates. Agrega la mezcla a la olla y revuelve.*

*3.) Tapa la olla y cocina a fuego alto durante una hora. Reduce a fuego lento y cocina por 7 horas más hasta que la carne se ponga tierna.*

*4.) Apaga la olla. Abre la tapa y deja reposar durante 10 minutos. Agrega la crema agria y sirve sobre los fideos.*

*Rinde: 4 porciones*

## Estofado Lento de Carne y Champiñones

*Ingredientes:*
- 2 cucharadas desalsa de soya
- 2 cucharadas de fécula de maíz

(maicena)

2 cucharadas de aceite de oliva (o mantequilla)

¼ taza de cebollitas verdes o cebolletas frescas

1 lb/ ½ kg de champiñones

1 taza de vino tinto (seco)

¼ de taza de vinagre balsámico

1 taza de caldo de res (sin la grasa)

1 naranja

½ taza de crema de jerez

4 rebanadas delgadas de jengibre (pelado)

1 cucharadita de tomillo seco

½ cucharadita del condimento 5-especias chinas

Sal y pimienta

4 lbs./ 2 kg de costillas de res (deshuesadas, y sin grasa)

*Olla de cocción lenta: a una capacidad de 4 ½ - 5 ½ litros*

*Instrucciones de preparación:*

*1.) Corta la carne en trozos de 4 pulgadas y colócala en la olla.*

*2.) Ralla un poco de la cáscara de la naranja. Guardar la pulpa para otros usos.*

*Combine la ralladura, el caldo, el jengibre, la cebolla, el tomillo, la salsa de soya, el vinagre, el vino, las cinco especias chinas y el cerdo en una sartén. Hierve a fuego alto y vierte sobre la carne.*

*3.) Cubre la olla y cocina la carne a fuego alto durante 5 a 6 horas, o hasta que esté muy tierna.*

*4.) Lava los champiñones y escúrrelos. Retira los extremos del tallo y córtalo a lo largo. Coloca en la sartén con mantequilla.*

*5.) Quita toda la grasa de la olla y toma 1 taza de líquido y viértelo en la sartén. Pon el fuego en el nivel alto y revuelve durante 15 minutos hasta que los champiñones estén de color café claro y el líquido se haya evaporado.*

*6.) Mide el líquido en la olla y agrega el caldo de res si tiene menos de 2 tazas. Hierve en una sartén mientras lo agitas constantemente a fuego alto durante 10 minutos. Mezcla la maicena con ¼ de taza de agua en un tazón; vacía en el líquido hirviendo. Revuelve durante medio minuto para espesar.*

*7.) Vierte el líquido uniformemente sobre*

*la carne y mezcla suavemente con el líquido en la cazuela. Agrega sal y pimienta al gusto y espolvorea con cebollín verde.*
*Rinde: 6-8 porciones*


**Frijoles y Carne con Chile**

*Ingredientes:*
*½ cucharaditade pimiento rojo (molido)*
*½ cucharaditade sal*
*1 ½ taza de cebolla picada*
*¾ lb./ ½ kg.carne molida*
*¼ de taza de ajo machacado*
*3 tazas de caldo de pollo (sin sal)*
*1 lb./ ½ kg. frijoles rojos (escurridos)*
*1 cucharadade comino molido*
*1 lb. / ½ kg. bistec de paleta de res (cortado en trozos pequeños)*
*1 lata de 8onzas de salsa de tomate*
*1 lata de 28 onzas de tomates asados (triturados)*
*1 cucharadade aceite de oliva*
*1 cucharaditade chile en polvo*
*Olla de cocción lenta: a una capacidad de 5 ½ litros*

*Instrucciones de preparación:*

*1.) En una sartén grande, dora la carne a fuego medio durante 6 minutos hasta que la carne se desmorone.*

*2.) Transfiere a la olla de cocción lenta y agrega los trozos de bistec a la sartén. Saltea a fuego alto durante 6 minutos. Agrega ahora agrega los trozos de bistec a la olla de cocción lenta.*

*3.) Agrega los ingredientes restantes a la olla y cocina a fuego alto durante 8 horas. Sirve.*

**Res con Salsa de Vino Tinto**

*Ingredientes:*
*1 taza de vino tinto*
*1 hoja de laurel*
*1 cebolla mediana rebanada*
*1 lata de caldo de res (10 ½ onzas)*
  *1 sobre de mezcla para salsa de jugo de carne/ gravy(1.61 onzas)*
  *Arroz cocido o fideos de huevocalientes*
  *1 lb./ ½ kg. de champiñones partidos a la mitad*

3 lbs./ 1 ½ kg. de solomillo de res (sin hueso y cortado en trozos de 1 pulgada)
2 cucharadas de pasta de tomate
Perejil picado (para adornar)
Olla de cocción lenta: a una capacidad de 5 ½ litros

1.) Coloca los champiñones, las cebollas y el solomillo de res en la olla.

2.) En un tazón, mezcla la salsa, el caldo y el vino tinto. Vierte uniformemente sobre las verduras y la carne. Añade la hoja de laurel.

3.) Cubre la olla y cocina a fuego alto durante 6 horas. Retira la hoja de laurel y sirve sobre arroz o fideos. Decora con el perejil picado.

Rinde: 6 porciones

## Falda de Res Mediterránea

Ingredientes:
1/3 taza de aceitunas negras sin hueso
1 falda de res de 2 ½ piezas (corte plano y sin grasa)
1 cucharada de perejil (finamente picado)
Sal y pimienta

5 dientes de ajo (picados)
1 lata (14.5 onzas) de tomates cortados en cubitos con jugo
½ taza de vino tinto (seco)
½ cucharadita de romero (seco)
Olla de cocción lenta: a una capacidad de 4 ¾ litros

Instrucciones de preparación:

1.) Combina el romero, el vino, las aceitunas y el ajo en la olla de cocción lenta. Revuelve. Espolvorea 1 ½ cucharadita de sal y pimienta sobre la carne y colócala sobre la mezcla. Vierte la mezcla de tomate sobre la carne y cubre la olla.

2.) Cocina a fuego alto durante 6 horas, o hasta que la carne esté tierna.

3.) Transfiere la falda a la tabla de cortar y cubre con papel de aluminio. Deja reposar durante 10 minutos. Quita la grasa de la salsa y agrega sal y pimienta. Rebana la carne y trasládala a la fuente. Vierte salsa sobre las rodajas de carne y espolvorea con el perejil. Sirve la salsa al lado.

Rinde: 6 porciones

## Tacos Suaves de Carne con Chile

*Ingredientes:*

¾ taza de crema agria

1 ½ lbs./ ¾ kg.carne de res en trocitos (sin la grasa)

12 tortillas de maíz (6 pulgadas)

3 tazas de lechuga rebanada en tiritas

2 cucharadas de vinagre de sidra

5 cucharaditas de chile en polvo

2 latas (16-onzas) medianas de salsa de tomate

1 aguacate

*Olla de cocción lenta: a una capacidad de 2 ¾ litros*

*Instrucciones de preparación:*

1.) Vacía 1 taza de salsa en un tazón y póngala a un lado.

2.) Mezcla la salsa restante en olla de cocción lenta con el chile en polvo y vinagre. Añade la carne y tapa.

3.) Cocina a fuego lento durante 10 a 12 horas, o hasta que la carne se deshaga fácilmente.

4.) Deshebra la carne con un par de tenedores y vacía al tazón para servir.

*Precalienta el horno a 300°F/150°C y hornea las tortillas envueltas en papel de aluminio durante 10 minutos hasta que se calienten. Coloca la lechuga y la crema agria en tazones separados. Quita la semilla al aguacate y pártelo en cuadritos.*
*5.) Saca los tazones y la salsa; arma los tacos.*
*Rinde: 6 porciones*


## Res al Curry

Ingredientes:
1 cucharadita de jengibre fresco, picado.
1 lata de tomates picados
1 cucharada de aceite de oliva.
Sal y pimienta
8.5 onzas de caldo de res
2 dientes de ajo picados
1 libra de bistec de carne para estofado
1 chile verde picado
1 cebolla, cortada en cuartos y en rodajas.
1 cucharada de curry en polvo
Olla de cocción lenta: a una capacidad

de 2 ¾ litros

Instrucciones de preparación:

1.) En una sartén, calienta el aceite de oliva a fuego medio. Dora la carne por todos lados y sácala de la sartén. Reserva los jugos que haya soltado la carne.

2.) Cocina el ajo, el chile y el jengibre en una sartén con los jugos de la carne durante 2 minutos, revolviendo constantemente hasta que estén tiernos. Sazona con curry en polvo e incorpora los tomates picados.

3.) Cubre la olla y cocina a fuego lento durante 7 horas.

Rinde: 4 porciones


**Dip Francés**

Ingredientes:
6 panes franceses
4 lbs./2 kg. de aguayón/cadera de res
2 cucharada de mantequilla
1 botella de cerveza (12 fl. oz.)
1 lata de caldo de res (10.5 onzas)
1 lata de sopa de cebolla francesa condensada (10.5 onzas)

Olla de cocción lenta: a una capacidad de 5 ½ litros

Instrucciones de preparación:

1.) Elimina la grasa de la carne de res y colócala en la olla de cocción lenta junto con la cerveza, la sopa de cebolla y el caldo. Cocina a fuego lento durante 7 horas.

2.) Precalienta el horno a 350°F/ 180°C

3.) Parte los panecillos franceses por la mitad y úntalos con mantequilla. Tuesta durante 10 minutos en el horno hasta que estén bien calientes.

4.) Rebana la carne a lo largo del grano. Colócala en panecillos y sirve la salsa al lado para mojarlos.

Rinde: 9 porciones

**Filete de Res a la Salisbury**

Ingredientes:
¾ taza de agua
2 lbs./ 1 kg de carne molida (magra)
¼ taza de harina para todo uso
¼ taza de leche
2 cucharadas de aceite vegetal

1 mezcla de sopa de cebolla seca (1 onza)

1 paquete de mezcla de *au jus* seco

½ taza de pan molido italiano (sazonado)

2 latas de crema condensada de sopa de pollo (10.75 onzas)

Olla de cocción lenta: a una capacidad de 4 ¾ litros

Instrucciones de preparación:

1.) Mezcla el pan molido, la carne molida y la sopa de cebolla en un tazón grande. Mezcla con las manos y forma 8 tortitas.

2.) Calienta el aceite en una sartén a fuego medio y cubre las tortitas de carne con harina. Dora las tortitas de carne en la sartén (por ambos lados), y las apilas en la olla de cocción lenta como una pirámide. Mezcla el au jus, agua y crema de sopa de pollo, y vierte sobre las tortitas de carne. Tapa y cocina a fuego lento durante 4-5 horas, o hasta que estén bien cocidas.

Rinde: 8 porciones

**Carne de Res en Lata ConCol**

Ingredientes:

6 onzas de cerveza

10 papas rojas cambray en cuartos

4 tazas de agua

½ cabeza de col cortada en trozos grandes

4 zanahorias grandes (peladas y cortadas en tiritas tipo juliana)

1 cebolla, cortada en trozos pequeños

1 lata de carne de res en conserva con paquete de especias (4 lbs./2kgs.)

Olla de cocción lenta: a una capacidad de 5 ½ litros

Instrucciones de preparación:

1.) Coloca las cebollas, las papas y las zanahorias en el fondo de la olla de cocción lenta. Vierte el agua y coloque la pieza de carne encima de las verduras.

2.) Vierte la cerveza sobre la carne y espolvorea las especias del paquete de especias especiales para la carne de res. Tapa.

3.) Cocina a temperatura alta durante 7 horas. Agrega el repollo y cocina por una

**hora más. Sirve.**
   Rinde: 8 porciones

# Capítulo 4

## Platillos con Pescado

**Sopa de Mariscos**

*Ingredientes:*
*1 cucharadita de hojas secas de tomillo*
*1 libra de carne de cangrejo*
*1 libra de camarones crudos*
*1 caja (10 onzas) de okra congelada , descongelada y cortada en rodajas de media pulgada*
*1 lata (14 onzas) de tomates cortados en cubitos*
*1½ taza de pimiento verde picado*
*½ lb/1/4 kg. de tocino (rebanado y cortado en cubitos)*
*2 cucharaditas de sal*
*2 cucharadas de salsa Worcestershire*
*1½ taza de tallos de apio (rebanados)*
*1 taza de cebolla (en rodajas)*
*2 tazas de caldo de pollo*
*2 dientes de ajo (picados)*
*Olla de cocción lenta: a una capacidad de 4*

¾ litros

Instrucciones de preparación:

1.) Cocina el tocino a fuego medio en una sartén grande. Trasládalo a la olla de cocción lenta.

2.) Desecha el recubrimiento de grasa de la sartén, dejando solo una cantidad pequeña y agrega el pimiento verde, el apio, la cebolla y el ajo. Cocina a fuego medio y revuelve con frecuencia durante 10 minutos hasta que las verduras estén tiernas.

3.) Coloca las verduras en la olla y agrega los tomates (con el líquido), el caldo, el tomillo, la salsa Worcestershire y la sal.

4.) Cubre y cocina durante 4 horas a temperatura baja, o 2 horas a temperatura alta. Agrega la okra, la carne de cangrejo y los camarones y cocina a fuego lento por una hora más.

Rinde: 6 porciones

**Salmón al Dijon-Limón Con Cebada De Eneldo**

*Ingredientes:*

1 cucharadita de eneldo seco
½ taza de cebolla, cortada en cuadritos
2 cucharadita de aceite
2 cucharadita de ajo picado
2 tazas de agua
2 cucharaditas de caldo de pollo en gránulos
1 ½ lb/ ¾ kg. de filete de salmón
Sal y pimienta
1 taza de cebada de cocción rápida
(Para la salsa)
1 cucharadita de ajo, picada
3 cucharadas de aceite de oliva
1/3 taza de mostaza Dijon
3 cucharadas de jugo de limón
1/3 taza de crema agria o yogur natural
Olla de cocción lenta: a una capacidad de 3 ½ - 3 ¾ litros
Instrucciones de preparación:
1.) Mezcla el aceite, la cebolla y el ajo en un tazón y caliéntalos en el microondas durante 4-5 minutos. Coloca la mezcla en la olla.
2.) Agrega el caldo, la cebada, la hierba de eneldo y el agua a la olla de cocción lenta. Revuelve.

*3.) Sazona el salmón con sal y pimienta y colócalo encima de la mezcla en la olla de cocción lenta.*
*4.) Cubre y cocina a fuego lento durante 2 horas.*
*5.) Mezcla todos los ingredientes de la salsa en un tazón. Transfiere el salmón a un plato para servir y sirve la salsa por encima.*
*Rinde: 6 porciones*


### Cangrejo con Jerez Fácil

*Ingredientes:*
*½ taza de crema agria ligera*
*6 cucharadas de mantequilla*
*½ cucharadita de salsa Worcestershire*
*3 cebollas verdes (picadas finamente)*
*2 latas de crema de champiñones*
*¼ taza de vino de jerez (seco)*
*Sal y pimienta*
*2 huevos*
*26 onzas de carne de cangrejo colada y desmoronada*
*Olla de cocción lenta: a unacapacidad de 3 ¾ de litros*

*Instrucciones de preparación:*

*1.) Coloca la mantequilla, la crema, la salsa Worcestershire y las cebollas en la olla. Agrega la carne de cangrejo, la crema de champiñones y el jerez. Condimenta con sal y pimienta.*

*2.) Cubre la olla y cocina a fuego lento durante 2 horas. Agrega los huevos batidos y cocine por una hora más.*

*Rinde: 6 porciones*

## Sopa Estilo Gumbo de Camarones y Salchicha

*Ingredientes:*
*2 cucharaditade sazonador Criollo*
*2 tallos de apio (picados)*
*¼ taza de perejil (hoja plana)*
*½cucharaditade tomillo (seco)*
*1 lata(14.5 onzas) de tomates cortados en cubitos*
*½ taza de harina para todo uso*
*4 tazas de caldo de pollo*
*4 dientes de ajo picados*
*3 libras de camarones (grandes, pelados y desvenados)*

*3 hojas de laurel*
*1 cebolla grande (picada)*
*1 pimiento verde (picado)*
*1 manojo de cebolla verde en rodajas*
*1 lb./ ½ kg. de salchicha tipo andouille*
*Rodajas de cebolla verde para guarnición.*
*Olla de cocción lenta: a una capacidad de 5 ½ litros*
*Instrucciones de preparación:*
*1.) Espolvorea una sartén de hierro fundido de 9 pulgadas con harina y precalienta el horno a 400○F/200○C. Hornea durante 10 minutos hasta que se dore, y enfría durante 10 minutos más.*
*2.) En un horno holandés, cocina la salchicha a fuego medio durante 5 minutos, revolviéndole ocasionalmente. Cocina hasta que la salchicha se dore. Escurre la salchicha sobre toallas de papel y colócala en la olla. Agrega los tomates, las hojas de laurel, la cebolla, el tomillo, el condimento criollo, el pimiento, el apio y el ajo.*
*3.) En un tazón, mezcla el caldo y la harina dorada. Vierte la mezcla en la olla y cubre. Cocina a temperatura alta durante 5-6*

horas. Agrega el camarón, el perejil y las cebollas verdes; cocinar durante otros 30 minutos. Retira las hojas de laurel y sirve.
Rinde: 6 porciones

## Sopa De Langosta

Ingredientes:
1 cucharaditade albahaca
1 cucharaditade tomillo
1 cucharaditade sal
1 chile jalapeñorebanado
4 rebanadas de tocino de corte grueso
3½ taza de papas peladas y en cubos
¾ taza de cebolla picada
1½ taza de elote
1½taza de caldo de langosta
¼taza de harina
3½ taza mitad leche-mitad crema
½cucharaditade pimienta molida blanca
½cucharaditade paprika
½cucharaditade comino
1 cucharaditaajo (picado, seco)
½ lb./ ¼ kg. de carne de langosta cocida
Olla de cocción lenta: a una capacidad de 5 ½ litros

Instrucciones de preparación:

1.) Agrega todos los ingredientes (excepto la langosta y el tocino) a la olla y revuelve.

2.) Cocina el tocino en la sartén, escúrrelo en toallas de papel y ponlo a un lado. Agrega grasa de tocino a los otros ingredientes en la olla de cocimiento lento. Cubre y cocina a fuego alto durante 4 horas.

3.) Corta la carne de langosta en trozos pequeños y mezcla en la olla, cocine por una hora más.

4.) Sirve en platos hondos; adorna con galletas saladas y tocino picado.

Rinde: 10-12 porciones

**Crema de Langosta**

Ingredientes:
½ cucharadita de paprika
¼ taza de perejil picado (fresco)
1 diente de ajo finamente picado
2 chalotes finamente picados
1/2 litro de crema de leche
1 cucharadita de pimienta negra
1 cucharadita de eneldo seco

4 colas de langosta
32 oz de caldo de pollo (bajo en sodio)
1 cucharada de condimento "Old Bay"
14.5 oz de tomates cortados en cubitos (con jugo)
Olla de cocción lenta: a unacapacidad de 3 ¾ litros
Instrucciones de preparación:
1.) Calienta los chalotes y el ajo en el microondas, durante 2-3 minutos, hasta que los chalotes tomen un aspecto marchito y se vuelvan translúcidos. Agrega la mezcla a la olla junto con el perejil, el caldo de pollo, la paprika, el condimento "Old Bay" y la pimienta.
2.) Corta el telson (la parte que parece abanico) de langostas. Añade a la olla y revuelve. Cocina a fuego alto durante 3 horas (o al nivel calor bajo por 6 horas).
3.) Retira los extremos de la cola de las langostas. Mezcla la sopa en una licuadora hasta obtener la textura deseada. Pon de nuevo la sopa licuada en la olla junto con las colas de langosta.
4.) Cubre la olla y cocina a fuego lento durante 45 minutos, o hasta que las

cáscaras de langosta se pongan rojas.

5.) Retira las colas de langosta de la sopa y deja enfriar. Agrega la crema a la sopa y revuelve.

6.) Corta las colas de langosta a lo largo y desecha las conchas.

7.) Vuelve a agregar la carne de langosta a la sopa. Revuelve y sirve.

Rinde: 6-8 porciones

## Guiso de Pulpo Italiano en Vino y Tomates

Ingredientes:

2 cucharaditas de miel o azúcar
2 cucharaditas de alcaparras
2 cucharaditas de eneldo picado
1 taza de tomates picados
1 cucharada de chiles rojos triturados
Sal y pimienta
4 dientes de ajo (picados)
4 cucharaditas de perejil
1 taza de vino blanco
4 cucharaditas de aceite de oliva
1 libra de pulpo
Olla de cocción lenta: a 2 ¾ litros decapacidad

Instrucciones de preparación:

1.) Coloca el pulpo en agua hirviendo con sal durante 1 a 2 minutos. Desecha el agua.

2.) Corta el pulpo en trozos grandes del tamaño de un bocado y saltea en aceite de oliva a fuego medio durante 2-3 minutos. Agrega el ajo picado y saltea por otro minuto más.

3.) Agrega el vino y hierve a fuego alto. Revuelve bien y cocina por 4 minutos antes de agregar las hojuelas de chile rojo triturado. Hierve a fuego lento. Agrega a la olla de cocción lenta e incorpora una cucharadita de azúcar o miel. Cubre la olla y cocina a fuego lento durante 30 minutos.

4.) Añade las alcaparras después de 30 minutos; poner la mitad del perejil y el eneldo. Cubre la olla y cocina por 45 minutos más.

5.) 10 minutos antes de haber terminado, retira la tapa y ajusta el calor a alto.

6.) Agregue el perejil restante, la pimienta negra molida y el eneldo para servir. Disfrútalo con pan o pasta.

Rinde: 4 porciones

## Estofado Fácil de Ostiones en Olla de Cocción Lenta

Ingredientes:
1½ cucharadita de sal
½ taza de mantequilla
2 cuartos/1 litro de leche entera
2 cucharaditas de salsa inglesa Worcestershire
2 lbs./1 kg. de ostiones frescos
Olla de cocción lenta: a 2 ¾ litros de capacidad

Instrucciones de preparación:
1.) Calienta la leche a temperatura alta durante 1 hora y media.
2.) Derrite la mantequilla y agrega los ostiones con el líquido en una cacerola. Cocina a fuego lento hasta que los bordes del ostión se ricen. Sazona.
3.) Agrega el contenido de la cacerola a la olla y revuelve. Cocina a fuego lento durante 2-3 horas.

Rinde: 4-5 porciones

**Salmón Escalfado**

Ingredientes:
1 cucharadita de sal
1 cucharadita de pimienta negra entera
1 chalote en rodajas finas
2 tazas de agua
6 ramitas de hierbas frescas (eneldo, perejil o estragón)
1 hoja de laurel
1 taza de vino blanco (seco)
Sal y pimienta negra molida
Sal gruesa, aceite de oliva y rodaja de limón (para servir)
2 lbs./ 1kg. de filetes de salmón (con piel)
1 limón en rodajas finas
Olla de cocción lenta: a 2 ¾ litros decapacidad

Instrucciones de preparación:

1.) Cocina el limón, vino, los chalotes, granos de pimienta, el agua, la hora de laurel, la sal y las hierbas durante 2 minutos a temperatura alta.

2.) Sazona el salmón con sal y pimienta, y colócalo en la olla con el lado de la piel hacia abajo. Cubre y cocina por 45 minutos

hasta que el salmón se pueda deshebrar con un tenedor y esté de color opaco.
3.) Rocía el salmón con la sal gruesa y aceite de oliva. Decora con rodajas de limón y sirve.
Rinde: 4-5 porciones


**Salmón en Olla de Cocción Lenta**

Ingredientes:
1/3 taza de arroz
1 cucharadita de chile en polvo
1 cebolla (picada)
1 filete de salmón
1 cucharada de jugo de limón
1 cucharadita de mantequilla o margarina
½ taza de caldo de verduras
½ pimiento rojo, picado
1 diente de ajo machacado
4 champiñones picados
1 cucharada de salsa de soya
Olla de cocción lenta: a 2 ¾ litros decapacidad
Instrucciones de preparación:
1.) En una sartén, sofríe la cebolla, el pimiento rojo y los champiñones en

mantequilla por un par de minutos. Colócalo en la olla de cocción lenta junto con el chile en polvo y el caldo de verduras a temperatura alta durante 30 minutos.

2.) Mezcla el ajo, el jugo de limón y la salsa de soya en un tazón para hacer la salsa.

3.) Agrega el arroz a la olla y cocina por otros 15 minutos.

4.) Coloca el salmón en la salsa con la parte superior hacia abajo para marinar durante 15 minutos.

5.) Vierte la salsa en la olla y pon el salmón encima. Cocina durante una hora más.

Rinde: 1 porción

## Capítulo 5

## PlatillosVegetarianos

### Sopa Vegetariana EstiloGumbo

*Ingredientes:*
*3 dientes de ajo (machacados)*
*2 tallos de apio (picado)*
*2 cucharadas de aceite de oliva*
*1 cucharada de sazonadorestilo Cajun*
*1 calabacita verde pequeña (cortada en trozos gruesos de media luna)*
*1 taza de okra (rebanada)*
*2 tazas de caldo de vegetales*
*1 cebolla amarilla rebanada*
*2 cucharadasde harina para todo uso*
*Sal y pimienta*
*2 cucharadasde salsa inglesa Worcestershire vegetariana*
*15 onzas de frijoles rojos arriñonados*
*14.5 onzas de tomates rebanados*
*8 onzas de champiñones blancos (en cuartos)*
*1 pimiento verde partido en trozos*

pequeños

1 hoja de laurel

Arroz cocido y salsa picante (para servir)

*Olla de cocción lenta: a una capacidad de 4 ½ - 5 ½ litros*

*Instrucciones de preparación:*

*1.) En una vasija tipo horno holandés, calienta 1 cucharada de aceite de oliva a fuego medio. Agrega el ajo, el pimiento, la cebolla y el apio. Cocina por 8-10 minutos hasta que esté suave y ligeramente dorado.*

*2.) Transfiere las verduras a la olla de cocción lenta. Calienta el aceite restante en el horno holandés y cocina la harina durante 4 minutos hasta que se doren. Vierte el caldo y hierve. Trasládalo ahora a la olla de cocción lenta.*

*3.) Agrega todos los ingredientes restantes a la olla (excepto la salsa picante y el arroz) y cocina a fuego lento durante 6-8 horas. Una vez cocinado, retira la hoja de laurel y sazona con sal y pimienta según sea necesario. Sirve la sopa sobre el arroz y la salsa picante.*

*Rinde: 5-6 porciones*

## Crema de Elote y Pimiento Rojo

*Ingredientes:*
*1/8 cucharadita de pimienta de cayena*
*½ cucharadita de paprika ahumada*
*2 cucharadas de aceite de oliva*
*1 taza de leche de almendras (o leche de soya)*
*1 cucharadita de sal*
*4 tazas de caldo de verduras*
*3 tazas de papas Yukon Gold en cuadritos*
*2 tazas de cebolla amarilla cortada en cubitos*
*1 pimiento rojo (mediano, cortado en cubitos y sin semillas)*
*1 cucharadita de comino molido*
*Sal y pimienta negra molida*
*4 tazas de elote dulce*
*Granos de maíz, pimientos rojos picados finos, cebollines rebanados para adornar*
*Olla de cocción lenta: a una capacidad de 4 ¾ litros*
*Instrucciones de preparación:*
*1.) Calienta el aceite de oliva en una sartén*

*y cocina las cebollas, revolviendo ocasionalmente durante 5 minutos. Transfiere las cebollas a la olla junto con 1 taza de elote, el comino, el caldo, la paprika ahumada, la sal, las papas, el pimiento rojo y la pimienta de cayena.*

*2.) Tapa y cocina a temperatura baja durante 8-10 horas, o a temperatura alta durante 5 horas.*

*3.) Apaga la olla y retira la tapa para que se enfríe. Haz un puré de la sopa en la licuadora y devuélvela a la olla. Vuelve a encenderla y agrega la leche de almendras y las tazas de maíz restantes. Cocina a fuego lento durante aproximadamente media hora. Sazona con sal y pimienta según sea necesario.*

*4.) Adorna con elote adicional, cebolletas o pimiento picado. Sirve.*

*Rinde: 4-6 porciones*


## Frittata De Espinacas Y Mozzarella

*Ingredientes:*
*2 cucharadasde leche del 1%*
*1 tazas de queso mozzarella 2% (rallado)*

1 tomate Roma rebanado
1 cucharadade aceite de oliva extra virgen
3 claras de huevo
3 huevos
¼ cucharaditade pimienta blanca
½ taza de cebolla rebanada
¼ cucharaditade pimiento negra molida
1 taza de espinacas (compactas, sin tallos)
    Sal

Olla de cocción lenta: a una capacidad de 4 ¾ litros

Instrucciones de preparación:

1.) Sofríe la cebolla en una sartén durante 5 minutos, o hasta que esté suave y caramelizada.

2.) Rocía aceite de canola o aceite de oliva en el interior de la olla de cocción lenta para evitar que los ingredientes se peguen.

3.) Bate los ingredientes restantes y ¾ taza de mozzarella en un tazón. Vierte en la olla. Espolvorea el queso restante sobre la mezcla de huevo. Tapa y cocina a fuego lento durante 1 hora y media.

Rinde: 6 porciones

## Pastel Crujiente de Manzana en Olla de Cocción Lenta

*Ingredientes:*
*4½ cucharada de mantequilla*
*¾ taza de harina para todo uso*
*¾ taza de azúcar moreno (compacta)*
*¼ taza de azúcar blanca*
*6 tazas de manzanas (peladas y picadas)*
*2 cucharadas de jugo de limón*
*¼ taza de nueces picadas*
*1 cucharada de fécula de maíz (maicena)*
*1 cucharada de mantequilla de manzana*
*Pizca de sal*
*2 cucharadas de especia para pay de manzana.*
*Helado (para guarnición)*
*Olla de cocción lenta: a una capacidad de 4 ½ - 5 ½ litros*
*Instrucciones de preparación:*
*1.) Coloca las manzanas picadas en el fondo de la olla; vacía sobre ellas el jugo de limón y la mantequilla de manzana y luego revuelve. En un tazón, combina 1 cucharada de especias para pay de manzana, maicena y la azúcar blanca.*

*Vierte en la olla y espolvorea las nueces. Mezcla bien.*

*2.) Mezcla 1 cucharada de especias para pay de manzana, el azúcar moreno, la sal y la harina en un tazón. Corta la mantequilla en cuadritos e incorpora hasta que la mezcla adquiera una textura similar a la arena. Espolvorea sobre la mezcla de manzana en la olla hasta que esté cubierta.*

*3.) Cubre y cocina a fuego lento durante 4 horas.*

*4.) Deja enfriar por un rato. Sirve con helado.*

*Rinde: 8 porciones*


**Puré De ColiflorCon Ajo**

*Ingredientes:*
*1 cucharadade mantequilla*
*1 cucharaditade sal*
*1 cabeza de coliflor*
*Sal y pimienta*
*1 cucharadade mantequilla*
*Leche*
*4 dientes de ajo pelados*

3 tazas de agua
Olla de cocción lenta: a unacapacidad de 2 ¾ a 3 ¾ litros
Instrucciones de preparación:
1.) Corta la coliflor en flores (o cabezuelas). Colócalas en la olla y agrega la hoja de laurel, el agua, la sal y los dientes de ajo.
2.) Cubre y cocina a temperatura alta por 3 horas, o a temperatura baja por 6 horas.
3.) Retira la hoja de laurel y el ajo. Escúrrele el agua.
4.) Añade la mantequilla y deja que se derrita.
5.) Con un remoledor de papas, tritura la coliflor y agrega la leche (una cucharada a la vez)
6.) Condimenta con sal y pimienta. Sirve con cebolla y cebollino.
Rinde: 4-6 porciones


## Sopa MisoVeganade Chícharos(Guisantes)

Ingredientes:
2 dientes de ajo picados
5 tazas de caldo de verduras (bajo en sodio)

*3 cucharadas de aceite de coco*
*3-4 cucharadas de pasta de miso blanco*
*1 cebolla grande (picada)*
*4 tazas de chícharos (guisantes)*
*4-5 tazas de agua (o hasta que se llene la olla)*
*Sal y pimienta al gusto*
*1 taza de zanahorias (picadas)*
*Olla de cocción lenta: a unacapacidad de 2 ¾ a 3 ¾ litros*
*Instrucciones de preparación:*
*1.) Pica las zanahorias, las cebollas y el ajo; vacía a la olla de cocción lenta. Incorpora la pasta miso y el aceite de coco. Revuelve hasta que esté bien cubierto.*
*2.) Coloca todos los ingredientes restantes (vierte el líquido al final).*
*3.) Cubre y cocina a fuego alto durante 4-6 horas, revolviendo ocasionalmente. Sazona según consideres necesario.*
*4.) Deja enfriar y servir en tazones.*
*Rinde: 4-5 porciones*


## Curry Dulce y Picante de Verduras

*Ingredientes:*

1 manzana picada
1 camote en cubitos
1 cebolla pequeña picada
2 cucharadas de aceite de oliva extra-virgen
½ lata de garbanzos (escurridos)
4 tallos de apio (picados)
Pimienta de Cayena, ajo en polvo, jengibre molido, canela, curry en polvo
1 taza de caldo de verduras
Para añadir más tarde:
½ lata de leche de coco (light)
Sal y pimienta
Olla de cocción lenta: a unacapacidad de 2 ¾ a 3 ¾ litros
Instrucciones de preparación:
1.) Unta toda la olla de cocción con aceite de oliva y vacía en ella las especias. Mezcla bien. Añade el resto de los ingredientes y revuelve hasta incorporar todos los ingredientes. Cubre y cocina por 6 horas a temperatura baja.
2.) Unos 15 minutos antes de terminar, agrega la sal, la pimienta y la leche de coco; revuelve y cubre de nuevo.
3.) Sirve caliente sobre arroz cocido.

*Rinde: 4-6 porciones*

**CurryDulce y Picante Vegano**

*Ingredientes:*
*1/2 lata de garbanzos (escurridos)*
*1/3 cabeza de repollo rallado*
*1 taza de caldo de verduras*
*½ taza de zanahorias baby (picadas)*
*2 cucharadas de aceite de oliva extra-virgen*
*4 tallos de apio (picado)*
*1 camote (picado)*
*1 manzana (picada)*
*1 cebolla (picada)*
*Pimienta de Cayena, jengibre molido, canela, ajo en polvo, curry en polvo*
*Para añadir más tarde:*
*Sal y pimienta*
*1/2 lata de leche de coco (light)*
*Olla de cocción lenta: a una capacidad de 3 ¾ litros*
*Instrucciones de preparación:*
*1.) Unta toda la olla de cocción con aceite de oliva y agrega la cebolla, la pimienta de cayena y las otras especias. Agrega todos*

los otros ingredientes, menos los dos últimos y mezcla bien. Cubre.
2.) Cocine a fuego lento durante 6 horas, o hasta que el camote esté listo.
3.) Unos 15 minutos antes de terminar, agrega la leche de coco y sazona con sal y pimienta. Revuelve y deja actuar durante 15 minutos más.
4.) Sirve caliente sobre arroz cocido.
Rinde: 4-6 porciones

## Sopa de Calabaza Cacahuate [Butternut] y Chirivía

*Ingredientes:*
¼ cucharadita de tomillo (seco)
½ cucharadita de sal
½ cucharadita de cilantro (en polvo)
½ cucharadita de comino molido
1/8 cucharadita de salvia molida
2 chirivías peladas y picadas
2 tazas de caldo de verduras (bajo en sodio)
1 cebolla amarilla (picada)
5 tazas de calabaza (peladas y partidas en cuadritos)
1 manzana Fuji pelada y picada

*Yogurt natural*
*Olla de cocción lenta: a unacapacidad de 3 ¾ litros*
*Instrucciones de preparación:*
*1.) Coloca todos los ingredientes (excepto el yogur) en olla de cocción lenta.*
*2.) Cubre y cocina a fuego lento durante 6 horas.*
*3.) Combina todas las verduras y mézclalas en una licuadora hasta que quede suave.*
*4.) Sirve con pan y yogurt.*
*Rinde: 4-5 porciones*

## Peras Escalfados al Caramel (Postre rápido)

*Ingredientes:*
*6 peras Bosc peladas, partidas a la mitad y sin semillas*
*1 ½ taza de azúcar moreno*
*1 litro de helado de vainilla*
*1 cucharada de jengibre (rallado)*
*2 cucharadas de mantequilla (sin sal)*
*Olla de cocción lenta: a unacapacidad de 5½ litros*
*Instrucciones de preparación:*

*1.) Combina el azúcar, la mantequilla y el jengibre en la olla de cocción lenta.*
*2.) Añade las peras y revuelve para que se cubran con los ingredientes anteriores. Acomódalas con el lado cortado hacia abajo.*
*3.) Tapa y cocina a fuego alto durante 1 hora hasta que las peras estén blandas (perfora con un cuchillo para probar). Saca de la olla y deja enfriar.*
*4.) Divide las peras en tazones y agrega el helado. Vierte la salsa dulce y sirve.*
*Rinde: 6 porciones*

## Conclusión

¡Gracias de nuevo por descargar este libro! Espero que este libro haya podido ayudarte a darte cuenta de una cosa muy importante: que, con los Ingredientes correctos, un poco de conocimiento culinario y una olla de cocción lenta a lamano, puedes disfrutar de comidas caseras deliciosas y saludables sin la molestia de preparaciones largas. ¿Quién dice que tienes que ser un chef experto para servir platillos de alta calidad?

El siguiente paso es tomar esa olla de cocción lenta y comenzar a preparar una comida que con gusto esperes disfrutar, dentro de unas cuantas horas. Por supuesto, sería mucho mejor disfrutar de lo que sea que vayas a preparar con las personas más cercanas a ti.

*¡Gracias y buena suerte!*
*Martha Carson*

**Parte 2**

## Introducción

**¿Porqué usar la olla de cocción lenta?**

La olla de cocción lenta ha revolucionado la forma en que los ocupados cocineros preparan y disfrutan sus comidas. Tener la opción de simplemente colocar los ingredientes en el interior y dejar que la olla haga su magia, significa que la gente puede pasar menos tiempo cocinando y más tiempo disfrutando.

Este libro tiene como objetivo proporcionar recetas saludables y sencillas diseñadas para las familias. Todas las opciones de cocción requieren un mínimo de tiempo. Siéntase libre de dejar las mezclas en la olla durante más tiempo para mejorar el sabor y la textura.

¡Que lo disfrute!

### Recetas para el Desayuno

**Avena con Manzana y Sultana**

*Tiempo de Preparación: 10 minutos*
*Tiempo de Cocción: 2 horas*
*Servicios: 4*
*Esfuerzo: Fácil*

**Ingredientes:**
- 200g de avena
- 500ml de leche de almendras
- 1 cucharada de miel
- 1 cucharada de canela
- 1 cucharada de nuez moscada
- 1 taza de manzanas peladas y cortadas en cubitos
- 1 taza de pasas sultanas

**Dirección**:

1. Coloque su olla de barro en la opción BAJA.

2. Coloque todos los ingredientes en la olla y deje durante 2 horas.

3. Sirva en tazones profundos con nuez moscada extra para decorar.

### Avena de Arándanos de Lujo

*Tiempo de Preparación: 10 minutos*
*Tiempo de Cocción: 2 horas*
*Servicios: 4*
*Esfuerzo: Fácil*

**Ingredientes:**
- 200g de avena
- 400ml de leche de almendras
- 100ml de nata liquida
- 2 tazas de arándanos
- 2 cucharadas de azúcar moreno

**Dirección:**

1. Coloque su olla de barro en la opción BAJA.
2. Coloque todos los ingredientes en la olla de barro y deje durante 2 horas.
3. Sirva en tazones profundos con nuez moscada extra para decorar.

**Avena de Chocolate y Naranja**

*Tiempo de Preparación: 10 minutos*
*Tiempo de Cocción: 2 horas*
*Servicios: 4*
*Esfuerzo: Fácil*

**Ingredientes:**
- 200g de avena
- 500ml de leche de almendras
- zumo y ralladura de 2 naranjas
- 4 cuadros de chocolate oscuro
- 1 cucharada de cacao en polvo
- 1 cucharada de miel

**Dirección:**
1. Coloque su olla de barro en la opción ALTA.
2. Coloque todos los ingredientes en la olla y deje durante 2 horas.
3. Sirva en tazones profundos.

**Quinua de Coco y Plátano**

*Tiempo de Preparación: 10 minutos*
*Tiempo de Cocción: 2 horas*
*Servicios: 4*
*Esfuerzo: Fácil*

**Ingredientes:**
- 200g de quinua
- 1 lata de leche de coco de 400g
- 100ml de leche de almendras
- 3 plátanos maduros machacados
- 1 cucharada de miel

**Dirección:**
1. Coloque su olla de barro en la opción BAJA.
2. Coloque todos los ingredientes en la olla y deje durante 2 horas.
3. Sirva en tazones profundos y rocíe con miel para terminar.

**Tortilla Completa de Desayuno Inglés**

*Tiempo de Preparación: 15 minutos*
*Tiempo de Cocción: 2 horas*
*Servicios: 4*
*Esfuerzo: Fácil*

**Ingredientes:**

- 2 salchichas de cerdo o de ternera, cocidas y cortadas en rodajas
- 2 lonjas de bacon
- 6-8 champiñones castaños cortados en rodajas
- 2 tomates cortados en rodajas
- 10 huevos batidos

**Dirección:**

1. Ajuste la olla de barro en la opción BAJA.
2. Combine todos los ingredientes en un tazón grande y transfiera a la olla de barro.
3. Cocinar durante 2 horas.

**Tortilla Española**

*Tiempo de Preparación: 15 minutos*
*Tiempo de Cocción: 2 horas*
*Servicios: 4*
*Esfuerzo: Fácil*

**Ingredientes:**

- 3 papas blancas, peladas y rebanadas
- 1 pimiento rojo rebanado
- ½ chorizo cortado en rodajas
- 1 cebolla blanca cortada en rodajas
- 8 huevos batidos
- 1 cucharada de pimentón ahumado

**Dirección:**

1. Ajuste la olla de barro en la opción BAJA.
2. Combine todos los ingredientes en un tazón grande y transfiera a la olla de barro.
3. Cocinar durante 2 horas.

**Pan de Plátano**

*Tiempo de Preparación: 30 minutos*
*Tiempo de Cocción: 2 horas*
*Servicios: 4*
*Esfuerzo: Medio*

**Ingredientes:**

- 2 tazas de plátanos maduros machacados
- 2 huevos batidos
- ½ taza de azúcar
- 2 tazas de harina
- 1 cucharadita de polvo de hornear

- ½ cucharadita de bicarbonato de sodio
- ½ cucharadita de sal

**Dirección:**

1. Encienda la olla en la opción ALTA.
2. En un tazón grande, mezcle la mantequilla y el azúcar hasta obtener una consistencia esponjosa, usando un batidor manual o eléctrico.
3. Añada los huevos y reserve.
4. En otro recipiente, mezcle los ingredientes restantes. Agregue lentamente la mezcla de harina a la mezcla de mantequilla y azúcar, volteándola suavemente hasta formar la masa.
5. Una vez listo, engrasar la olla de barro con mantequilla y echar la masa.
6. Pasadas 2 horas, coloque la olla boca abajo en un soporte de enfriamiento
7. Enfriar durante 15 minutos antes de servir.

**Pan de Nuez y Café**

*Tiempo de Preparación: 30 minutos*
*Tiempo de Cocción: 2 horas*
*Servicios: 4*
*Esfuerzo: Medio*

**Ingredientes:**
- 1 taza de café negro frio
- 2 tazas de nueces molidas
- ½ taza de azúcar
- 2 tazas de harina
- 1 cucharadita de polvo de hornear
- ½ cucharadita de bicarbonato de sodio
- ½ cucharadita de sal

**Dirección:**
1. Encienda la olla en la opción ALTA.
2. En un tazón grande, mezcle la mantequilla y el azúcar hasta obtener una consistencia esponjosa, usando un batidor manual o eléctrico.
3. Añada los huevos y reserve.
4. En otro recipiente, mezcle los ingredientes restantes. Agregue lentamente la mezcla de harina a la mezcla de mantequilla y azúcar, volteándola suavemente hasta formar la masa.
5. Una vez listo, engrasar la olla de barro con mantequilla y echar la masa.
6. Pasadas 2 horas, coloque la olla boca abajo en un soporte de enfriamiento
7. Enfriar durante 15 minutos antes de

servir.

## Huevos Marroquíes al Horno

*Tiempo de Preparación: 15 minutos*
*Tiempo de Cocción: 2 horas*
*Servicios: 4*
*Esfuerzo: Medio*

**Ingredientes:**
- 400g de tomates enlatados
- 1 cebolla blanca picada
- 2 dientes de ajo machacados
- 1 cucharadita de comino
- 1 cucharadita de cúrcuma
- 1 pimiento rojo rebanado
- 1 pimiento amarillo rebanado
- 1 cucharadita de copos de chile (opcional)
- ½ Taza de perejil picado de hoja plana
- 8 huevos

**Dirección:**
1. Encienda la olla en la opción ALTA.
2. Añadir todos los ingredientes EXCEPTO los huevos y el perejil a la olla de barro y dejar cocer durante 2 horas.
3. Retire la tapa para añadir los huevos y vuelva a colocarla por otros 10

minutos. Si prefiere los huevos duros, déjelos durante otros 15 minutos.

4. Coloque la mezcla en platos, con cuidado de no romper la yema de huevo y esparcir sobre el picado

**Huevos Rancheros**

*Tiempo de Preparación: 15 minutos*
*Tiempo de Cocción: 2.5 horas*
*Servicios: 4*
*Esfuerzo: Medio*

**Ingredientes:**
- lata de frijoles negros de 400g, escurridos y enjuagados
- ½ chile rojo sin semillas y finamente picado
- ½ cebolla blanca pelada y picada
- lata de tomates picados de 400g
- 2 dientes de ajo pelados y picados
- 2 aguacates maduros pelados y rebanados
- zumo de ½ limón
- 1 taza de cilantro fresco picado
- 4 huevos

**Dirección:**
1. Encienda la olla en la opción ALTA.

2. Coloque las cebollas, el ajo, los frijoles negros, los tomates picados y el chile en la olla de cocción lenta y deje durante dos horas.

3. Retire la tapa para añadir los huevos y vuelva a colocarla por otros 10 minutos. Si prefiere los huevos duros, déjelos durante otros 15 minutos.

4. Sirva en platos, colocando el aguacate en rodajas por el lado y esparciendo el cilantro en la parte superior.

## Recetas para el Almuerzo

### Flautas de Pollo Tikka

*Tiempo de Preparación: 20 minutos*
*Tiempo de Cocción: 2 horas*
*Servicios: 4*
*Esfuerzo: Fácil*

**Ingredientes:**
- 4 pechugas de pollo cortadas en cubitos
- 3 cucharadas de pasta de pollo tikka
- **4 tazas de yogur natural**
- **8 envolturas de tortilla**

- 1 1/2 taza de menta fresca picada
- 1 taza de cilantro fresco picado
- ½ taza de pepino pelado y picado

**Dirección:**

1. Ajuste la olla de barro en la opción BAJA.
2. En un tazón para mezclar, combine la pechuga de pollo en cubitos con la pasta tikka y 2 tazas de yogur.
3. Colocar en la olla rociada de aceite de oliva y dejar durante 2 horas.
4. Mientras tanto, mezcle las 2 tazas restantes de yogur con las hierbas y el pepino.
5. Una vez cocinado, coloque su pollo tikka en las tortillas y agregue la mezcla de yogur con una cuchara.

**Sopa de Pollo Caliente**

*Tiempo de Preparación: 20 minutos*
*Tiempo de Cocción: 3-4 horas*
*Servicios: 4*
*Esfuerzo: Fácil*

**Ingredientes:**

- 3 tazas de pollo asado desmenuzado
- 2 palos de apio rebanado
- 1 cebolla blanca picada
- 2 zanahorias peladas y picadas
- 700ml caldo de pollo
- 2 raciones de fideos Nests de harina integral

**Dirección:**

1. Añada a la olla todos los ingredientes excepto los fideos y cocine durante 3-4 horas en la opción baja.
2. 30 minutos antes de servir la sopa, hervir los fideos durante 6-8 minutos en agua con sal.
3. Agregue los fideos a la olla de barro y revuelva.
4. Sirva la sopa con pan crujiente.

**Chile de Cerdo Ahumado**

*Tiempo de Preparación: 20 minutos*
*Tiempo de Cocción: 4 horas*
*Servicios: 4*
*Esfuerzo: Medio*

**Ingredientes:**

- 500g de carne de cerdo picada
- 2 cucharadas de pasta de chipotle

- 2 cucharadas de puré de tomate
- 500ml de caldo de pollo
- 1 cebolla picada
- 4 cebolletas cortadas
- 4 cucharadas de crema agria

**Dirección:**

1. Encienda la olla de barro en la opción BAJA.

2. Añada la cebolla, la carne de cerdo picada, la pasta de chipotle, el puré de tomate y el caldo de pollo a la olla de barro.

3. Después de 4 horas, servir en tazones cubiertos con una cucharada de crema agria y la cebolleta espolvoreada.

**Sopa de Pescado**

*Tiempo de Preparación: 10 minutos*
*Tiempo de Cocción: 4 horas*
*Servicios: 4*
*Esfuerzo: Fácil*

**Ingredientes:**
- 2 tazas de abadejo ahumado cortado
- 1 taza de salmón cortado
- 4 papas blancas cortadas en cubitos
- 2 zanahorias peladas y picadas

- 500ml de caldo de pescado
- 100ml de crema de leche
- ½ taza de eneldo picado

Dirección:

1. Ajuste la olla de barro en la opción BAJA.

2. Añada todos los ingredientes al recipiente, excepto una pizca de eneldo para decorar.

3. Cocine durante 4 horas y sirva con pan crujiente.

## Jamón de Mostaza y Miel

*Tiempo de Preparación: 20 minutos*
*Tiempo de Cocción: 3 horas*
*Servicios: 4-6*
*Esfuerzo: Fácil*

**Ingredientes:**
- 1 pata de jamón
- 1 taza de miel líquida
- 4 cucharadas de mostaza de Dijon
- 1 taza de jugo de naranja fresco

**Dirección:**

1. Ajuste la olla de barro en la opción BAJA.

2. Combine la miel, la mostaza y el

jugo de naranja en una jarra de medir.

    3. Coloque el jamón en la olla de barro y cubra con la mezcla.

    4. Cocine durante 3-4 horas y sirva con pan crujiente, ensalada y chatni.

**Sopa de Zanahoria. Cilantro y Lentejas**

*Tiempo de Preparación: 20 minutos*
*Tiempo de Cocción: 3 horas*
*Servicios: 4*
*Esfuerzo: Fácil*

**Ingredientes:**
- 10-12 zanahorias peladas y cortadas
- 1 cebolla picada
- 2 tazas de lentejas rojas enjuagadas
- 2 tazas de cilantro fresco picado
- 400ml de caldo de verdura
- 2 cucharadas de comino
- 2 cucharadas de cúrcuma
- 2 cucharadas de polvo de curry
- 1 cucharada de pimentón

**Dirección:**

    1. Ajuste la olla de barro en la opción BAJA.

    2. Coloque todos los ingredientes en la olla de barro, dejando una pizca de

cilantro a un lado para la guarnición.

3. Cocine durante 3 horas y sirva en tazones profundos acompañados de pan crujiente.

### Paella de Pollo y Chorizo

*Tiempo de Preparación: 30 minutos*
*Tiempo de Cocción: 2.5 horas*
*Servicios: 4*
*Esfuerzo: Medio*

**Ingredientes:**
- 2 pechugas de pollo grandes, cortadas en trozos
- ½ chorizo rebanado en trozos de 1cm
- 1 cebolla blanca cortada en rodajas
- 4 tazas de arroz basmati o de paella
- 1 pimiento rojo rebanado
- 2 tazas de guisantes congelados
- 400ml de caldo de pollo
- 1 cucharadita de cúrcuma
- 2 cucharaditas de pimentón ahumado
- 3 cucharadas de puré de tomate

**Dirección:**

1. Ajuste la olla de barro en la opción BAJA.

2. Calentar una sartén mediana sobre

fuego medio y añadir el chorizo, la cebolla y la pechuga de pollo.

3. Cocer durante 6-8 minutos y luego transferir a la olla de barro.

4. Agregue los ingredientes restantes y cocine durante 2,5 horas.

**Estofado de Tocino, Pollo y Cebada Perlada**

*Tiempo de Preparación: 20 minutos*
*Tiempo de Cocción: 3-4 horas*
*Servicios: 4*
*Esfuerzo: Medio*

**Ingredientes:**
- 2 pechugas de pollo cortadas en trozos
- 4 lonjas de bacon
- 2 puerros cortados en rodajas
- 2 zanahorias peladas y picadas
- 1 palo de apio cortado
- 2 tazas de guisantes congelados
- 2 tazas de cebada perlada
- 500ml de caldo de pollo

**Dirección:**

1. Encienda la olla de barro en la opción ALTA.

2. Calentar una sartén mediana sobre fuego medio y añadir el bacon y la pechuga de pollo.

3. Cocine de 6 a 8 minutos y luego transfiera a la olla de barro, junto con todos los ingredientes restantes.

4. Cocine durante 3-4 horas antes de servir.

**Curry de Pollo Indonesio**

*Tiempo de Preparación: 25 minutos*
*Tiempo de Cocción: 3-4 horas*
*Servicios: 4*
*Esfuerzo: Medio*

**Ingredientes:**
- 4 filetes de muslos de pollo cortados
- 1 cebolla blanca
- 400g de leche de coco
- 1 chile verde sin semillas rebanado
- 1 trozo de jengibre aplastado del tamaño de un pulgar
- 2 dientes de ajo machacados
- 2 cucharadas de puré de tomate
- 1 cucharada de pimienta de cayena
- 400ml de caldo de pollo

**Dirección:**

1. Ajuste la olla de barro en la opción BAJA.

2. Calentar una sartén mediana sobre fuego medio y añadir la cebolla y la pechuga de pollo con un chorrito de aceite.

3. Cocinar el pollo hasta que se dore, durante unos 5-7 minutos, y luego transferir a la olla de barro.

4. Agregue todos los ingredientes a la olla de barro y cocine durante al menos 4 horas.

5. Servir con arroz basmati hervido.

**Pasta con Brócoli, Bacon y Queso Azul**

*Tiempo de Preparación: 20 minutos*
*Tiempo de Cocción: 2 horas*
*Servicios: 4*
*Esfuerzo: Medio*

**Ingredientes:**
- 300g de pasta penne o fusilli
- 1 cabeza de brócoli cortada en floretes
- 4 lonjas de bacon en rodajas
- 1 taza de queso azul desmenuzado
- 300ml de leche entera
- 1 cucharada de harina de maíz

• 1 cucharadita de mostaza de Dijon
Dirección:
1. Ajuste la olla de barro en la opción BAJA.
2. Agregue todos los ingredientes a la olla de barro y revuelva bien.
3. Cocinar durante 2 horas y servir.

## Recetas para la Cena

**Cordero Biryani**

*Tiempo de Preparación: 30 minutos*
*Tiempo de Cocción: 4 horas*
*Servicios: 4*
*Esfuerzo: Medio*

**Ingredientes:**
• 400g de cordero cortado
• 1 cebolla pelada y cortada
• 1 chile verde sin semillas cortado
• 2 dientes de ajo pelados y picados
• 1 trozo de jengibre aplastado del tamaño de un pulgar
• 3 tazas de espinacas lavadas
• 2 tazas de arroz basmati

- 500ml caldo de cordero o pollo
- 1 cucharadita de comino
- 1 cucharadita de cilantro
- 1 cucharada de garam masala
- 2 cucharadas de polvo de curry
- 2 tazas de cilantro fresco picado

Dirección:

1. Ajuste la olla de barro en la opción BAJA.

2. Calentar una sartén mediana sobre fuego medio y añadir la cebolla y el cordero picado con un chorrito de aceite.

3. Cocinar el cordero hasta que se dore, durante unos 5-7 minutos, y luego transferir a la olla de barro.

4. Agregue todos los ingredientes a la olla de barro y cocine durante al menos 4 horas.

5. Servir con el cilantro fresco esparcido.

**Tagine de Pollo y Albaricoque**

*Tiempo de Preparación: 25 minutos*
*Tiempo de Cocción: 4 horas*
*Servicios: 4*
*Esfuerzo: Fácil*

**Ingredientes:**
- 4 filetes de muslo de pollo cortados en cubos
- 1 taza de albaricoques secos
- 1 taza de aceitunas negras
- 2 tomates de carne, cortados en rodajas y luego cortados a la mitad
- 1 cebolla blanca grande cortada en rodajas
- 1 trozo de jengibre del tamaño de un pulgar, pelado y cortado
- 500ml de caldo de pollo
- 1 cucharada de mezcla de especias ras el hanout
- 1 cucharadita de copos de chile
- ½ taza de jugo de limón
- 1 taza de perejil fresco picado

Dirección:

1. Encienda la olla de cocción lenta en la opción BAJA.

2. Calentar una sartén mediana sobre fuego medio y añadir la cebolla y el pollo con un chorrito de aceite.

3. Cocine de 6 a 8 minutos y luego transfiera a la olla de barro, junto con todos los ingredientes restantes.

4. Cocine durante 4 horas y sirva con cuscús.

### Estofado de Ternera y Cerveza Negra

*Tiempo de Preparación: 15 minutos*
*Tiempo de Cocción: 4 horas*
*Servicios: 4*
*Esfuerzo: Fácil*

**Ingredientes:**
- 500g de carne picada
- 2 papas blancas peladas y cortadas
- 2 zanahorias peladas y picadas
- 1 puerro cortado
- 1 palo de apio cortado
- 200ml de caldo de carne
- 1 botella de 300l de cerveza negra

Dirección:

1. Ajuste la olla de barro en la opción BAJA.

2. En una sartén, añadir un chorrito de aceite y los trozos de carne.

3. Freír durante 5-7 minutos, hasta que se dore, y luego añadir a la olla de barro con el resto de los ingredientes.

4. Cocine durante 4 horas y sirva con puré de papas.

## Macarrones con Queso y Bacon

*Tiempo de Preparación: 5 minutos*
*Tiempo de Cocción: 3 horas*
*Servicios: 4*
*Esfuerzo: Extra fácil*

**Ingredientes:**
- 4 tazas de queso chedar rallado
- 6 tazas de macarrones
- 2 tazas de leche entera
- 2 latas de leche evaporada
- 1 cucharadita de mostaza de Dijon
- 2 lonjas de bacon

Dirección:

1. Ajuste la olla de barro en la opción BAJA.
2. Agregue todos los ingredientes a la olla de barro y revuelva bien.
3. Cocine durante 3 horas y sirva.

## Barbacoa de Cerdo Tirado

*Tiempo de Preparación: 15 minutos*
*Tiempo de Cocción: 5 horas*
*Servicios: 8*
*Esfuerzo: Medio*

**Ingredientes:**

- 1.5- 2kg de paletilla de cerdo
- 150ml de vinagre de sidra de manzana
- 150ml de caldo de pollo
- 200ml de salsa barbacoa
- 1 taza de azúcar moreno
- 1 cucharada de mostaza
- 1 cucharadita de salsa Worcestershire
- 1 cucharadita de chile en polvo
- 2 dientes de ajo
- 1 cebolla blanca pelada y rebanada

**Dirección:**

1. Encienda la olla de barro en la opción ALTA.

2. Combine todos los ingredientes en la olla de barro, excepto la paletilla de cerdo.

3. Colocar la paletilla en la olla y girar para asegurar que se cubra con la mezcla.

4. Cocinar durante 5 horas y servir en panecillos.

**Carne China de Cinco Especias**

*Tiempo de Preparación: 15 minutos*
*Tiempo de Cocción: 4 horas*
*Servicios: 4*
*Esfuerzo: Medio*

**Ingredientes:**
- 600g de bistec de res
- 2 cucharadas de polvo chino de Cinco Especias
- 400ml de caldo de res
- 2 dientes de ajo machacados
- 1 trozo de jengibre del tamaño del pulgar cortado en rodajas
- 1 chile verde sin semillas rebanado
- 1 manojo de pak choi cortado

Dirección:

1. Encienda la olla de barro en la opción ALTA.
2. Agregue todos los ingredientes al recipiente y cocine durante 4 horas.
3. Servir con arroz.

## Pollo y Risotto de Setas Silvestres

*Tiempo de Preparación: 20 minutos*
*Tiempo de Cocción: 3 horas*
*Servicios: 4*
*Esfuerzo: Medio*

**Ingredientes:**
- 4 pechugas de pollo cortadas en tiras
- 2 cucharadas de setas porcini secas
- 4 tazas de arroz para rissoto

- 1 taza de crema agria
- 600ml caldo de pollo
- 2 dientes de ajo
- 1 cebolla blanca picada
- 1 copa de vino blanco
- 1 taza de perejil fresco picado

Dirección:

1. Encienda la olla de barro en la opción ALTA.

2. En una sartén a fuego medio, freír el pollo, el ajo y las cebollas con un chorrito de aceite durante 5 minutos.

3. Transferir esto a la olla de barro y añadir todos los ingredientes restantes, excepto el perejil fresco.

4. Servir espolvoreado con perejil fresco después de 3 horas de cocción.

## Espaguetis a la Boloñesa Lujoso

*Tiempo de Preparación: 20 minutos*
*Tiempo de Cocción: 4 horas*
*Servicios: 4*
*Esfuerzo: Fácil*

**Ingredientes:**

- 500g de carne de res picada, 10% de grasa o menos

- 2 lonjas de bacon cortadas
- ½ chorizo cortado en rodajas
- 1 cebolla blanca cortada en rodajas
- 2 dientes de ajo pelados y picados
- 1 lata de tomates picados de 400g
- 1 cucharada de salsa Worcestershire
- 1 cucharada de puré de tomate
- 1 cucharadita de hierbas mixtas
- 1 taza de albahaca fresca picada

**Dirección:**

1. Ajuste la olla de barro en la opción BAJA.

2. A fuego medio, freír el ajo, la carne picada y la cebolla durante 5 minutos hasta que estén doradas.

3. Luego, transferir todos los ingredientes a la olla de barro y dejar cocinar durante cuatro horas.

4. Servir con espaguetis cocidos y pan de ajo.

**Gumbo Cajún**

*Tiempo de Preparación: 25 minutos*
*Tiempo de Cocción: 5 horas*
*Servicios: 4*
*Esfuerzo: Medio*

**Ingredientes:**
- 2 pechugas de pollo rebanadas en trozos
- 2 tazas de langostinos
- 1 pimiento rojo rebanado
- 1 pimiento verde rebanado
- 1 taza de maíz dulce escurrido
- 1 cebolla blanca cortada en rodajas
- 2 tomates de carne cortados en trozos
- 1 cucharada de condimento Cajún
- 1 cucharada de pimienta de cayena
- 500ml de caldo de pollo

Dirección:

1. Encienda la olla de barro en la opción BAJA.
2. Agregue todos los ingredientes a la olla y cocine durante 5 horas.
3. Servir con arroz.

## Tazas de Lechuga de Cerdo al Jengibre

*Tiempo de Preparación: 30 minutos*
*Tiempo de Cocción: 3 horas*
*Servicios: 4*
*Esfuerzo: Medio*

**Ingredientes:**
- 400g de carne de cerdo picada
- 1 trozo de jengibre aplastado del tamaño

de un pulgar
- 2 dientes de ajo
- 1 cucharada de polvo chino de Cinco Especias
- 200ml de caldo de pollo
- 1 zanahoria cortada en trocitos
- 1 taza de castañas de agua cortadas
- 12 hojas de lechuga lavadas

**Dirección:**

1. Encienda la olla de barro en la opción ALTA.

2. Añadir todos los ingredientes excepto la lechuga a la olla de barro y dejar cocer durante 5 horas.

3. Servir caliente en las hojas de lechuga.

### Recetas Vegetarianas

**Risotto de Calabaza y Queso Azul**

*Tiempo de Preparación: 30 minutos*
*Tiempo de Cocción: 3 horas*
*Servicios: 4*
*Esfuerzo: Medio*

**Ingredientes:**
- 1 calabaza pelada, sin semillas y cortada

en cubitos de 1 cm
- 1 cebolla roja rebanada
- 200g de arroz para risotto
- 1 copa de vino blanco
- 500ml de caldo de verduras
- 2 tazas de queso stilton desmoronado
- ½ taza de jugo de limón

**Dirección:**

1. Encienda la olla de barro en la opción BAJA.

2. En una bandeja para hornear, coloque la calabaza y la cebolla roja y rocíe con aceite.

3. Después de cocinar durante 20 minutos a 180C, agregue estos ingredientes a la olla de barro.

4. Agregue todos los ingredientes a la olla y cocine durante 3 horas.

**Chile de Batata y Frijol Negro**

*Tiempo de Preparación: 15 minutos*
*Tiempo de Cocción: 4 horas*
*Servicios: 4*
*Esfuerzo: Fácil*

**Ingredientes:**
- 1 lata de 400g de frijoles negros

escurridos y enjuagados
- 2 batatas grandes, peladas y picadas en trozos de 1 cm
- 1 lata de maíz dulce escurrido
- 1 pimiento rojo rebanado
- 1 lata de 400g de tomates en conserva
- 1 cucharadita de comino
- 1 cucharadita de cúrcuma
- 1 cucharadita de chile en polvo
- 2 cucharadas de puré de tomate

**Dirección:**
1. Encienda la olla de barro en la opción BAJA.
2. Agregue todos los ingredientes a la olla y cocine durante 4 horas.
3. Servir con arroz.

### Curry de Coliflor y Batata

*Tiempo de Preparación: 20 minutos*
*Tiempo de Cocción: 4 horas*
*Servicios: 4*
*Esfuerzo: Fácil*

**Ingredientes:**
- 1 coliflor grande cortado en pedazos
- 1 batata grande pelada y cortada
- 1 lata de 400g de garbanzos escurridos y

enjuagados
- 1 lata de leche de coco de 400g
- 1 chile rojo sin semillas, rebanado
- 1 taza de guisantes congelados
- 1 cucharada de cúrcuma
- 1 cucharada de comino

**Dirección:**

1. Encienda la olla de barro en la opción BAJA.
2. Agregue todos los ingredientes a la olla y cocine durante 4 horas.
3. Servir con arroz.

**Curry Verde Tailandés**

*Tiempo de Preparación: 20 minutos*
*Tiempo de Cocción: 3 horas*
*Servicios: 4*
*Esfuerzo: Medio*

**Ingredientes:**
- 2 tazas de guisantes congelados
- 2 tazas de tallo de brócoli tierno
- 1 berenjena

**Dirección:**
1. Encienda la olla de barro en la opción BAJA.

2. Agregue todos los ingredientes a la olla y cocine durante 3 horas.
3. Servir con arroz.

### Macarrones con Queso con Col Rizada y Coliflor

*Tiempo de Preparación: 20 minutos*
*Tiempo de Cocción: 3 horas*
*Servicios: 4*
*Esfuerzo: Medio*
**Ingredientes:**
- 300g de pasta macarrón
- 300ml de leche entera
- 1 lata de leche evaporada
- 3 tazas de queso chedar rallado
- 1 coliflor grande cortado en pedazos
- 3 tazas de col rizada, lavada y rallada

**Dirección:**
1. Encienda la olla de barro en la opción BAJA.
2. Agregue todos los ingredientes a la olla y cocine durante 3 horas.

### Quinua Mexicana

*Tiempo de Preparación: 20 minutos*
*Tiempo de Cocción: 3 horas*
*Servicios: 4*
*Esfuerzo: Fácil*

**Ingredientes:**
- 1 lata de 400g de frijoles negros
- 1 lata de 200g de maíz dulce
- 4 cebolletas cortadas
- 4 tomates cortados en cubos
- 1 lata de 400g de tomates picados
- 2 aguacates pelados y rebanados
- 2 tazas de cilantro fresco picado
- jugo de 1 limón

**Dirección:**
1. Encienda la olla de barro en la opción BAJA.
2. Añadir todos los ingredientes excepto el aguacate y el perejil a la olla de barro y dejar cocer durante 3 horas.
3. Una vez servido, agregue el aguacate y el cilantro a la parte superior.

**Lentejas Dahl**

*Tiempo de Preparación: 20 minutos*
*Tiempo de Cocción: 4 horas*

*Servicios: 4*
*Esfuerzo: Medio*
**Ingredientes:**
- 400g de lentejas amarillas
- 500ml de caldo de verduras
- 1 cucharada de comino
- 1 cucharada de cúrcuma
- 1 cucharadita de semillas de hinojo
- 1 lata de leche de coco de 400g
- 1 chile verde sin semillas rebanado
- 2 tazas de cilantro fresco picado

**Dirección:**

1. Encienda la olla de barro en la opción BAJA.

2. Agregue todos los ingredientes a la olla y cocine durante 4 horas.

3. Servir con arroz o naan.

### Calabacín y Pilaf de Coco

*Tiempo de Preparación: 20 minutos*
*Tiempo de Cocción: 3 horas*
*Servicios: 4*
*Esfuerzo: Fácil*

**Ingredientes:**
- 2 calabacines cortados en trozos de 1 cm

- 1 cebolla blanca pelada y picada
- 2 dientes de ajo pelados y picados
- 1 cucharadita de cilantro
- 1 cucharadita de semillas de hinojo
- 1 cucharada de comino
- 1 cucharadita de cúrcuma
- 1 palo de canela
- 500ml de caldo de verduras
- 1 taza de coco seco tostado

**Dirección:**
1. Encienda la olla de barro en la opción ALTA.
2. Agregue todos los ingredientes a la olla y cocine durante 3 horas.

### Pasta Mediterránea de Verduras

*Tiempo de Preparación: 20 minutos*
*Tiempo de Cocción: 2 horas*
*Servicios: 4*
*Esfuerzo: Medio*

**Ingredientes:**
- 1 pimiento rojo grande cortado en rodajas
- 1 cebolla roja rebanada
- 1 calabacín cortado
- 1 berenjena cortada en cubo

- 300 gr de pasta penne o fusilli
- 400g de tomates enlatados
- 1 taza de albahaca fresca picada

**Dirección:**

1. Encienda la olla de barro en la opción ALTA.

2. Agregue todos los ingredientes al recipiente y cocine durante 2 horas.

**Tofu con Salsa Picante de Maní**

*Tiempo de Preparación: 20 minutos*
*Tiempo de Cocción: 4.5 horas*
*Servicios: 4*
*Esfuerzo: Medio*

**Ingredientes:**

- 600g de Tofu firme
- 1 taza de mantequilla de maní
- 1 taza de salsa de soja
- 2 dientes de ajo machacados
- 1 cucharada de chile rojo aplastado
- 2 cucharadas de aceite de sésamo
- jugo de 1 limón
- 1 cucharada de azúcar moreno

**Dirección:**

1. Combine todos los ingredientes en la olla de cocción lenta excepto el tofu y

mezcle bien.
2. Ajuste la olla de barro en la opción BAJA.
3. Agregue los ingredientes restantes y cocine durante 4,5 horas.
4. Servir con arroz al vapor y brócoli.

## Recetas de Postres

**Melocotones de Vainilla**

*Tiempo de Preparación: 15 minutos*
*Tiempo de Cocción: 1.5 horas*
*Servicios: 4*
*Esfuerzo: Fácil*
**Ingredientes:**
- 8 melocotones ranurados en la parte inferior

- 500ml vino blanco dulce
- 2 cucharadas de azúcar moreno
- 1 vaina de vainilla

**Dirección:**

1. Ajuste la olla de barro en la opción BAJA.
2. Mezclar todos los ingredientes en la olla, excepto los melocotones.
3. Agregue los melocotones y cocine durante 1,5 horas.
4. Servir con helado de vainilla.

**Crumble Saludable de Manzana**

*Tiempo de Preparación: 30 minutos*
*Tiempo de Cocción: 3.5 horas*
*Servicios: 4*
*Esfuerzo: Medio*

**Ingredientes:**

- 6 manzanas para cocinar, peladas, sin corazón y cortadas en cubitos
- 1 cucharada de canela
- 1 taza de pasas sultanas
- 1 taza de miel
- 200ml de agua
- 4 tazas de avena
- 1 taza de azúcar moreno

- 1 cucharadita de nuez moscada

**Dirección:**

1. Encienda la olla en la opción BAJA y agregue las manzanas, la canela, las pasas, la miel y el agua.
2. Dejar cocinar durante 3 horas.
3. Mientras tanto, mezcle la avena, el azúcar moreno y la nuez moscada en un tazón para mezclar.
4. Una vez cocidas las manzanas, se pasan a una fuente de horno y se remata con la mezcla de avena.
5. Hornear durante 20-30 minutos y servir.

**Ruibarbo Tonto**

*Tiempo de Preparación: 20 minutos*
*Tiempo de Cocción: 2.5 horas*
*Servicios: 4*
*Esfuerzo: Fácil*

**Ingredientes:**
- 10 palillos de ruibarbo fresco, rebanados en piezas de 1cm
- 1 taza de azúcar moreno
- 200ml de agua
- 400ml de crema de leche

- 4 nidos de merengue aplastados

**Dirección:**

1. Ajuste la olla de barro en la opción BAJA.
2. Agregar el ruibarbo, el azúcar, el agua y dejar cocinar durante 2,5 horas.
3. Mientras tanto, use un batidor eléctrico para espesar la crema.
4. Una vez que el ruibarbo se haya enfriado, combine con la crema y el merengue y sirva rematado con menta fresca.

**Manzanas Rellenas**

*Tiempo de Preparación: 20 minutos*
*Tiempo de Cocción: 2 horas*
*Servicios: 4*
*Esfuerzo: Medio*

**Ingredientes:**
- 4 manzanas rojas descorazonadas
- 2 tazas de avena
- 1 cucharada de canela
- 1 cucharada de mantequilla
- 1 taza de miel
- 150ml de agua

**Dirección:**

1. Ajuste la olla de barro en la opción BAJA.

2. En un tazón para mezclar, combine la avena con la canela, la mantequilla y la miel.

3. Rellene las manzanas con la mezcla y luego vierta el agua en la olla de barro antes de colocar las manzanas en el interior.

4. Cocine durante 2 horas y sirva con crema.

**Peras Empapadas de Oporto**

*Tiempo de Preparación: 10 minutos*
*Tiempo de Cocción: 2 horas*
*Servicios: 4*
*Esfuerzo: Fácil*

**Ingredientes:**
- 4 peras grandes y maduras
- 400ml de vino de oporto ruby
- 1 taza de azúcar glas
- 2 cucharadas de jugo de limón

**Dirección:**

1. Ajuste la olla de barro en la opción ALTA.

2. Combine el vino de oporto con el

azúcar y el jugo de limón y páselo a la olla de barro.

3. Coloque las peras boca abajo y deje cocinar durante 2 horas.

4. Servir con doble crema.

**Pudín de Arroz y Fresa**

*Tiempo de Preparación: 10 minutos*
*Tiempo de Cocción: 2.5 horas*
*Servicios: 6*
*Esfuerzo: Fácil*

**Ingredientes:**
- 150g de arroz de grano corto
- 800ml de leche
- 200ml de crema de leche
- 1 cucharada de nuez moscada
- 3 tazas de fresas picadas

**Dirección:**

1. Encienda la olla de barro en la opción ALTA.

2. Agregue todos los ingredientes a la olla y cocine durante 2.5 horas.

**Fondue de Chocolate Indulgente**

*Tiempo de Preparación: 10 minutos*
*Tiempo de Cocción: 1 hora*

*Servicios: 6*
*Esfuerzo: Fácil*
**Ingredientes:**
- 250ml de crema de leche
- 350g de chocolate amargo picado
- 1 cucharadita de extracto de vainilla

**Dirección:**

1. Coloque todos los ingredientes en la olla de cocción lenta y póngalo en la opción BAJA.

2. Cocine durante 1 hora y sirva con fresas, malvaviscos y nueces para mojar.

**Brownies de Mantequilla de Maní**

*Tiempo de Preparación: 20 minutos*
*Tiempo de Cocción: 2.5 horas*
*Servicios: 6*
*Esfuerzo: Fácil*
**Ingredientes:**
- ½ taza de mantequilla derretida
- 1 taza de cacao en polvo
- 1 taza de harina
- 2 cucharadas de mantequilla de maní suave
- 2 huevos
- 2 tazas de chips de chocolate

- 2 cucharadas de miel

**Dirección:**

1. Cubra la olla de barro con papel pergamino y ajuste en la opción ALTO.
2. Combine los ingredientes en un tazón y agregue a la olla de barro.
3. Cocinar durante 2 horas y servir.

**Pastel de Coco**

*Tiempo de Preparación: 20 minutos*
*Tiempo de Cocción: 2.5 horas*
*Servicios: 6*
*Esfuerzo: Medio*

**Ingredientes:**
- 1 taza de harina con levadura
- 1 cucharadita de polvo de hornear
- 1 cucharadita de polvo de hornear
- 2 tazas de azúcar moreno
- 4 huevos batidos
- 2 tazas de coco seco
- 1 cucharadita de extracto de vainilla

**Dirección:**

1. Cubra la olla de barro con pergamino para hornear y ajuste en la opción ALTO.
2. Mezcle todos los ingredientes en un

tazón y cocine durante 2 horas.

## Piña Caribeña

*Tiempo de Preparación: 10 minutos*
*Tiempo de Cocción: 2.5 horas*
*Servicios: 6*
*Esfuerzo: Fácil*

**Ingredientes:**
- 1 piña grande, pelada y cortada en trozos
- 2 tazas de ron
- 1 taza de azúcar moreno

**Dirección:**
1. Ajuste la olla de barro en la opción ALTA.
2. Agregue los ingredientes restantes y cocine durante 2 horas.
3. Servir con helado.

www.ingramcontent.com/pod-product-compliance
Lightning Source LLC
Chambersburg PA
CBHW071855070526
44583CB00016B/1702